Vivendo Provérbios

Charles R. Swindoll

Vivendo Provérbios

Charles Swindoll

Traduzido por Degmar Ribas

15ª impressão

CPAD

Rio de Janeiro
2024

Todos os direitos reservados. Copyright © 2013 para a língua portuguesa da Casa Publicadora das Assembleias de Deus. Aprovado pelo Conselho de Doutrina.

É proibida a duplicação ou reprodução deste volume, no todo ou em parte, sob quaisquer formas ou meios (eletrônico, mecânico, gravação, fotocópia, distribuição na web e outros), sem permissão expressa da Editora.

Título do original em inglês *Living The Proverbs*
Primeira edição em inglês: 2012
Tradução: Degmar Ribas

Preparação dos originais: Elaine Arsenio
Capa: Wagner Almeida
Adaptação de projeto gráfico e editoração: Elisangela Santos

CDD: 240 - Moral cristã e teologia devocional
ISBN: 978-85-263-1130-5

As citações bíblicas foram extraídas da versão Almeida Revista e Corrigida, edição de 1995, da Sociedade Bíblica do Brasil, salvo indicação em contrário.

Para maiores informações sobre livros, revistas, periódicos e os últimos lançamentos da CPAD, visite nosso site: https://www.cpad.com.br.

SAC — Serviço de Atendimento ao Cliente: 0800-021-7373

Casa Publicadora das Assembleias de Deus
Av. Brasil, 34.401 – Bangu – Rio de Janeiro – RJ
CEP 21.852-002

1ª Edição
15ª impressão: 2024
Impresso no Brasil
Tiragem: 400

Sumário

Introdução 07

Semana 1 – O Trabalho do Ponto de Vista Humano 11

Semana 2 – A Engrenagem da Desobediência 22

Semana 3 – A Engrenagem da Superficialidade 33

Semana 4 – A Engrenagem da Preocupação 44

Semana 5 – A Engrenagem de um Coração Desprotegido 54

Semana 6 – A Engrenagem do Analfabetismo Bíblico 63

Semana 7 – A Engrenagem de um Coração Perturbado 73

Semana 8 – A Engrenagem de uma Língua Descontrolada (Parte 1) 82

Semana 9 – A Engrenagem de uma Língua Descontrolada (Parte 2) 91

Semana 10 – A Engrenagem do Descontentamento 101

Semana 11 – A Engrenagem da Tentação Luxuriosa 110

Semana 12 – A Engrenagem da Procrastinação 119

Semana 13 – A Engrenagem da Desarmonia no Lar 129

Semana 14 – A Engrenagem da Submissão à Soberania 138

Semana 15 – A Engrenagem da Preguiça 147

Semana 16 – A Engrenagem do Desequilíbrio 157

Semana 17 – A Engrenagem da Oposição 166

Semana 18 – A Engrenagem do Vício 175

Semana 19 – A Engrenagem da Vingança 185

Semana 20 – A Engrenagem da Inveja 194

Semana 21 – A Engrenagem da Intolerância 202

Semana 22 – A Engrenagem de Apresentar Desculpas 210

Semana 23 – A Engrenagem da Irresponsabilidade
Financeira 218

Semana 24 – A Engrenagem da Maternidade 229

Semana 25 – A Engrenagem de Desagradar a Deus 238

Semana 26 – A Engrenagem da Substituição do Conhecimento por
Sabedoria 246

Notas 255

Introdução

Aqui estão outras boas notícias para aqueles que estão lutando contra as complicações opressoras da vida cotidiana. Este livro percorre seleções do livro de Provérbios, aplicando o azeite calmante dessas palavras sábias, proferidas pelos sábios de Israel, aos desafios diários como o desequilíbrio, os vícios, a a inveja, os problemas financeiros, a maternidade, e muitas outras questões e conflitos.

Minha abordagem neste livro será a mesma que foi utilizada na obra *Living the Psalms* — prática e relevante, em vez de analítica e acadêmica. Ao longo de minhas mais de cinco décadas de ministério, aprendi que a maneira mais rápida de inserir a verdade das Escrituras na vida das pessoas é tanto por meio de seus corações quanto por meio de suas cabeças. Isso é especialmente verdadeiro sobre os Provérbios. Deus não preservou estas palavras sábias apenas com a finalidade de gerar um estímulo intelectual, mas também as preservou com o objetivo de que fossem aplicadas na prática. Se quisermos colocar os princípios bíblicos em ação, devemos resistir deliberadamente à tentação de substituir a análise pela apropriação. Isso não significa que devamos sonhar e ser impulsionados em nosso caminho através das Escrituras, espiritualizando esta ou aquela frase, na esperança de que algumas ideias irão se alojar inadvertidamente em nossas mentes como galhos flutuantes à margem de um rio. Pelo contrário, o livro de Deus merece a nossa séria concentração, à medida que procuramos aplicar a sua sabedoria às constantes e inescapáveis pressões com que convivemos. Ao mesmo tempo, no entanto, não devemos perder a beleza de sua poesia à medida que buscamos a praticidade de sua mensagem. Manter esse equilíbrio pode ser complicado. Em uma de suas obras menos conhecidas, *Reflections on the Psalms,* C. S. Lewis aborda a necessidade deste equilíbrio que estou tentando descrever. Eu não poderia concordar ainda mais com as suas observações:

> Neste livro, portanto, escrevo como um amador que escreve para outro, falando sobre as dificuldades que encontrei, ou os esclarecimentos que obtive ao ler os salmos, com a esperança de que isto possa interessar — e às vezes até mesmo ajudar — a outros leitores inexperientes. Estou "comparando notas", e não tomando a liberdade de instruir.

Faremos o possível para manter este equilíbrio tão delicado em nosso estudo do livro de Provérbios: apreciaremos a sua poesia enquanto refletimos de forma significativa sobre a sua aplicação para nós hoje. Neste livro também darei continuidade à mesma abordagem que utilizei no livro *Living the Psalms*. Vamos examinar um tópico específico por semana, o qual será dividido em leituras diárias, cada qual culminando em um ponto de reflexão e aplicação.

Antes de prosseguir, devo fazer uma pausa e expressar a minha gratidão a Byron Williamson da Worthy Publishing. Byron tem sido muito mais que um parceiro de negócios na indústria editorial. Ele é um verdadeiro amigo, e suas afirmações sinceras me motivam. Junto com ele, agradeço a Mark Gaither, meu genro, que também é meu excelente editor. Sua atenção aos detalhes tem sido de valor inestimável e minha gratidão a ele não tem limites. Também desejo mencionar Sealy Yates, meu agente literário e amigo de longa data, uma pessoa sem igual em diligência e comprometimento.

Faltam-me palavras para descrever a profundidade de minha gratidão à minha esposa por sua compreensão, altruísmo e encorajamento. Sem a sua disposição para se adaptar à minha agenda de escritor, ouvir pacientemente a incessante leitura do que escrevi, incentivar-me durante os períodos de dificuldade, e tolerar as minhas ideias repentinas que surgem tarde da noite, de madrugada e de manhã bem cedo, as compreensões e as inspirações que mantiveram a luz sobre a minha escrivaninha acesa durante os meus estudos — eu não poderia, de forma alguma, ter chegado até aqui.

E agora... vamos prosseguir. O ano se estende diante de nós, e a sabedoria de Deus espera a nossa apropriação. Eu lhe elogio por sua diligência fiel. Há muitos que se alimentam levemente da Bíblia Sagrada, mordiscando aqui e ali aleatoriamente com um interesse apenas passageiro pelas palavras de uma página. Poucos são aqueles que bebem de forma profunda e consistente dos rios de água viva. Que o Senhor recompense ricamente o seu compromisso e dedicação para aprender e viver a verdade dEle. Em última análise, que Ele use essas páginas para lhe ajudar a viver além da rotina diária.

Chuck Swindoll
Frisco, Texas

Semana 1 • Provérbios 1
O Trabalho do Ponto de Vista Humano

Provérbios de Salomão, filho de Davi, rei de Israel.
Para se conhecer a sabedoria e a instrução;
para se entenderem as palavras da prudência;
para se receber a instrução do entendimento,
a justiça, o juízo e a equidade;
para dar aos simples prudência,
e aos jovens conhecimento e bom siso;
para o sábio ouvir e crescer em sabedoria,
e o instruído adquirir sábios conselhos;
para entender provérbios e sua interpretação,
como também as palavras dos sábios e suas adivinhações.
O temor do Senhor é o princípio da ciência; os loucos desprezam a sabedoria e a instrução.

Filho meu, ouve a instrução de teu pai e não deixes a doutrina de tua mãe. Porque diadema de graça serão para a tua cabeça e colares para o teu pescoço.
(Pv 1.1-9)

Dia 1: Provérbios 1

A Vida em Três Dimensões

Cada momento de nossa vida em que estamos despertos, operamos de um ou outro ponto de vista: humano ou divino. Às vezes, refiro-me a eles como a perspectiva horizontal e a perspectiva vertical. A humanidade permanece, intencional e obstinadamente, limitada ao horizontal. Nós protegemos, zelosamente, a autonomia que recebemos do céu: preferimos pensar, conservar nossas atitudes e conduzir nossas vidas, independentes de nosso Criador. Consequentemente, as opiniões humanas nos influenciam mais que as instruções e os princípios de Deus. Baseamos nossas escolhas no que é melhor para nós mesmos e para os nossos entes queridos (talvez), sem muita consideração pelas consequências em longo prazo. As soluções horizontais nos dão a ilusão de maior segurança e prazer, e por isso a nossa tendência é rejeitar ou ignorar soluções verticais aos nossos desafios. Por exemplo, quando diante de algum prazo ou data final, procuramos, desesperadamente, alguma solução tangível, em vez de ouvir o conselho que Deus nos dá, que é confiar nEle. Em vez de esperar que o nosso Senhor solucione o nosso dilema, à sua maneira e no seu próprio cronograma, normalmente começamos a manipular uma fuga rápida e indolor.

Como o livro de Provérbios está cheio da sabedoria divina, podemos perceber uma perspectiva vertical, ainda que a engrenagem de ter um ponto de vista estritamente humano aconteça tão naturalmente. Esta sabedoria vertical inclui orientações práticas que nos ajudam a viver, de maneira sábia e sensata, na dimensão horizontal. Portanto, quanto mais meditarmos sobre os dizeres das Escrituras, mais óleo aplicaremos à engrenagem diária. Sem dúvida, a sabedoria de Salomão e outros sábios hebreus oferece a mais prática e realista instrução de toda a Bíblia. Todos os trinta e um capítulos do livro de Provérbios estão cheios de cápsulas de verdade, frequentemente na forma de uma máxima breve e eficaz, que nos ajuda a encarar e, muitas vezes, superar as engrenagens diárias da vida. Esses dizeres transmitem verdades específicas, de uma maneira tão enfática e fácil de entender, que teremos pouca dificuldade para compreender a mensagem.

Reflexões

Pense em uma decisão importante que você tomou, no passado. Que conhecimento adicional surgiu, quando você considerou essa situação, da perspectiva vertical? Considere o resultado com o benefício em retrospectiva, que impacto a perspectiva vertical teve em sua decisão — e, tendo feito isso... há algo que você faria de modo diferente?

Dia 2: Provérbios 1

SABEDORIA E ESTILO

O livro de Provérbios transmite a sabedoria divina — conselhos práticos, com uma dimensão vertical — em um estilo que segue as convenções da poesia hebraica. A estrutura mais comum, no livro de Provérbios, é a copla. O autor coloca duas ideias, lado a lado, sendo que uma complementa a outra. Veja Provérbios 13.10, por exemplo:

Da soberba só provém a contenda, mas com os que se aconselham se acha a sabedoria.

O livro de Provérbios emprega, pelo menos, quatro tipos diferentes de coplas: contrastiva, completiva, correspondente e comparativa.

Em uma copla contrastiva, a palavra chave é, normalmente, mas. Uma declaração contrasta com outra, para mostrar, por assim dizer, dois lados da mesma moeda. A conjunção contrastiva une as declarações, mas conserva distintas as duas ideias. Cada declaração, se isolada, é suficiente, mas juntas, a sua mensagem se torna mais profunda.

O filho sábio ouve a correção do pai,
mas o escarnecedor não ouve a repreensão. (13.1)

Pobreza e afronta virão ao que rejeita a correção,
mas o que guarda a repreensão será venerado. (13.18)

O que retém a sua vara aborrece a seu filho,
mas o que o ama, a seu tempo, o castiga. (13.24)

Nas coplas completivas, a segunda declaração completa a primeira. A primeira declaração, ainda que verdadeira, por si mesma, não oferece uma imagem completa sem a segunda. Este tipo de coplas apresenta, normalmente, conjunções coordenativas como e, ou ainda outras.

O coração conhece a sua própria amargura,
e o estranho não se entremeterá na sua alegria. (14.10)

Até no riso terá dor o coração,
e o fim da alegria é tristeza. (14.13)
Confia ao Senhor as tuas obras,
e teus pensamentos serão estabelecidos. (16.3)

A copla correspondente — muito comum também nos Salmos — apresenta duas linhas que expressam o mesmo pensamento, usando palavras diferentes. Outro nome para este tipo de copla é "paralelismo sinônimo". Enquanto a primeira declaração expressa uma ideia completa, a segunda acrescenta profundidade, dimensão e cor. O efeito não é diferente de ver o mundo por meio de dois olhos, em vez de apenas um. Uma pessoa que tem apenas um olho pode observar o mundo, mas lhe faltará percepção. Dois olhos nos permitem perceber o mundo em 3D, o que é muito melhor.

O temor do Senhor é o princípio da sabedoria,
e a ciência do Santo, a prudência. (9.10)

O paralelismo nos permite definir as palavras com maior precisão. "Temor do Senhor" e "ciência do Santo" são expressões correspondentes. "Temer" a Deus, então, é "conhecer" a Deus — e vice-versa. Além disso, "princípio da sabedoria" e "prudência" também são correspondentes. Não significam exatamente a mesma coisa, mas têm a mesma origem: um relacionamento íntimo e profundo com Deus.

Finalmente, como sugere o nome coplas comparativas, as duas declarações convidam uma comparação. Essas coplas contêm expressões como melhor... do que, assim como... também, ou como... então. Por exemplo:

Melhor é a comida de hortaliça onde há amor
do que o boi gordo e, com ele, o ódio. (15.16)

Melhor é morar num canto de umas águas-furtadas
do que com a mulher rixosa numa casa ampla. (25.24)

Os ditados comparativos normalmente pintam imagens vívidas, que recorrem à experiência do leitor para descrever uma nova verdade. A estrutura da copla significa: "Esta nova verdade é muito parecida com esta outra verdade, que você já aceita". Consequentemente, a imagem parece ser tão fiel à vida, que o leitor, inconscientemente, acena, em fervorosa concordância.

Reflexões

O estilo da literatura hebraica, e de outras formas poéticas de expressão, não é de difícil interpretação, mas é relativamente diferente da nossa escrita ocidental do século XXI. De que maneiras — se há alguma — você acha que esta diferença afetará a sua disposição de estudar o livro de Provérbios? O que a sua disposição evidencia a respeito do seu desejo por sabedoria?

Dia 3: Provérbios 1

A VERDADEIRA SABEDORIA

Embora grande parte do livro de Provérbios venha diretamente da pena de Salomão, a obra concluída, na verdade, combina a sabedoria de vários sábios, que um editor final compilou e organizou na forma que temos hoje. Em última análise, esta é a obra do Espírito Santo. Como os sessenta e seis livros da Bíblia, Provérbios combina os escritos de muitos autores humanos, que trabalharam sob a inspiração direta de Deus. A Providência reuniu todo o material escrito, por meio dos esforços de um inspirado compilador. Esta obra de sabedoria divina não pode ser considerada como o produto de um único indivíduo: ela é, verdadeiramente, a mente de Deus, expressa por escrito.

Depois de um breve prefácio (1.1-7), o livro de Provérbios pode ser dividido em seis seções, ou coleções:

As Palavras de Salomão no Vale da Sabedoria (1.8—9.18)

Os Provérbios de Salomão (10.1—22.16)
Os Provérbios de Homens Sábios (22.17—24.34)
Os Provérbios de Salomão Coletados pelos Homens de Ezequias (25.1—29.27)
A Sabedoria de Agur (30.1-33)
A Sabedoria de Lemuel (31.1-31)

Diferentemente de outros livros da Bíblia, o livro de Provérbios não contém nenhuma informação direta sobre as pessoas a quem ele foi originalmente escrito. Ele não menciona a nação hebraica, nem a sua cultura, costumes, leis ou história. Os livros de lei e história do Antigo Testamento exigem que as pessoas extraiam princípios atemporais de palavras escritas a pessoas que viveram há tanto tempo, e tão distantes de nós; o livro de Provérbios, no entanto, é eterno e universal. A sabedoria de Salomão e outros sábios não requer tradução; as verdades se aplicam a todas as pessoas que vivem em todos os lugares, em qualquer tempo. Ainda assim, devemos substituir conscientemente o nosso filtro de século XXI pela perspectiva do Deus hebreu.

Os pensadores ocidentais, por exemplo, fazem uma distinção entre a sabedoria teórica e a prática; os sábios hebreus não faziam tal distinção. Em outras palavras, a filosofia grega ou ocidental ensina que uma pessoa pode estar cheia de conhecimento, e, ainda assim, comportar-se de uma maneira tola. Consequentemente, os pensadores ocidentais acreditam que o nosso desafio é viver em conformidade com o que dizemos que cremos ser verdade. Os filósofos ocidentais querem que vivamos à altura do nosso potencial, colocando em prática o que sabemos que é verdade.

Os sábios hebreus consideram isso uma bobagem. Pois uma pessoa conhecer a verdade e comportar-se de maneira contrária a essa verdade é a verdadeira definição de tolice! Por exemplo, se as pessoas aceitam a lei de gravidade como um fato e verdadeiramente entendem a maneira como ela opera, não vão dançar no peitoril de um arranha-céu. Se fizerem isso, o conhecimento teórico da lei de gravidade apenas as fará ainda mais tolas. As pessoas sábias ficam longe de lugares perigosos e normalmente, como resultado, vivem mais tempo. No pensamento hebraico, "conhecer a sabedoria e a instrução" significa, necessariamente, colocá-las em prática. A sabedoria ocorre quando o conhecimento produz a obediência.

Ao lermos a sabedoria desses sábios hebreus, seremos sábios se desafiarmos muitas das noções que consideramos certas ou comuns. Em lugar de sujeitar o livro de Provérbios às nossas opiniões pré-existentes do que é certo ou errado, bom ou mau, devemos dar a este livro o benefício da autoridade divina. Isto quer dizer que, se lermos essas palavras com um coração aberto, veremos que concordamos com o que lemos, na maior parte do tempo — e, de vez em quando, nos ofendemos. Quando essas palavras de sabedoria divina provocarem uma inquietação interior, sugiro que você faça uma pausa. Não deixe o livro de lado muito rapidamente. Esta é a sua oportunidade de permitir que o Espírito Santo corrija algum modo de pensar defeituoso ou equivocado, e coloque você em um curso correto. Se você permitir que a Palavra de Deus e o Espírito de Deus tenham completo acesso à sua mente, então a sua vida no lar, no trabalho, com amigos, e no mundo, de maneira geral, será transformada. Afinal, a mensagem central do livro de Provérbios é esta: "Faça as coisas à maneira de Deus, e você será mais bem-sucedido em cada esfera da vida. Ignore a sabedoria divina, e você fracassará".

Reflexões

A nossa mentalidade ocidental tende a igualar conhecimento e sabedoria. Segundo a Bíblia, as pessoas podem ser chamadas de "sábias" somente quando se comportam de maneira sábia. Deixando de lado a educação e o discernimento, o seu comportamento reflete sabedoria? Peça que um amigo ou mentor de confiança responda a essa pergunta por você.

Dia 4: Provérbios 1

ISTO QUER DIZER VOCÊ

À medida que nos tornamos mais familiarizados com os antigos ditados, devo mencionar que este é um livro cheio de vários tipos de pessoas, que enfrentam uma variedade de desafios comuns. Há alguns anos, concluí uma análise profunda do livro de Provérbios, e fiquei surpreso ao descobrir que o livro inclui mais de 180 tipos ou categorias de pessoas. Homens e mulheres, velhos e jovens, tolos e sábios, judeus e gentios, ricos e pobres, casados e solteiros — Provérbios trata, praticamente, de cada grupo demográfico imaginável, para oferecer conselhos específicos a respeito dos problemas que eles enfrentam. Além disso, os sábios discutem circunstâncias que todas as pessoas devem enfrentar, independentemente de idade, sexo, raça, nacionalidade, local onde vivem, em que era, ou até mesmo qual religião praticam. Os temas comuns incluem: trabalho, dinheiro, casamento, amizade, família, vida familiar, dificuldades, conflitos, mocidade, velhice, pecado, perdão... desafios para os quais todos necessitamos de orientação. Não é de admirar que tantas pessoas, ao longo da história, tenham descoberto como este livro é útil, em termos de obter conselhos sábios para a vida horizontal!

No entanto, apesar da grande variedade de temas, tudo praticamente se resume ao relacionamento pessoal de um indivíduo com Deus e a sua Palavra. No fim deste livro de sabedoria, descobrimos um grande paradoxo. Independentemente das categorias que nos dividem, nós, seres humanos, somos unidos pelos mesmos desafios. Além disso, a sabedoria prática fornecida pelo livro de Provérbios aponta para todas as pessoas —apesar de nossas diferenças — a mesma direção, rumo a um relacionamento correto com Deus.

Embora os sábios afirmem que há uma única divindade governando a humanidade, ainda assim o apresentam como um ser complexo, com muitas facetas em sua personalidade, e vários papéis a desempenhar. Ele é transcendente (distinto da criação), mas imanente (envolvido pessoalmente no mundo). Ele é o Rei soberano do universo, inefável e inescrutável, mas chama todas as pessoas a um relacionamento pessoal com Ele. Ele é o Juiz justo, que distribui recompensas e punições segundo o merecimento, mas é o defensor dos desamparados e impotentes, dando graça e misericórdia a todos os que lhe pedem.

Como revela este livro de sabedoria, Deus se apresenta, a cada indivíduo, segundo a sua necessidade espiritual. Para todas as pessoas, de todas as partes, Deus é o Criador (3.19-20; 14.31; 16.11; 17.5; 20.12; 22.2) e o Onisciente Pastor de almas (5.21; 15.3; 15.11; 22.12; 24.12). Para o pecador obstinado e impenitente, Ele é o Juiz justo (8.35; 17.15; 21.3; 22.22,23; 23.10,11; 29.26). Para os desamparados, Deus é o Defensor dos fracos (14.31; 15.25; 17.5; 22.2,22,23; 23.10,11; 29.13). Para os fiéis, o Senhor é o Benfeitor dos justos (3.1-10; 8.35; 10.32; 11.1, 20; 12.2,22; 15.8; 16.20; 18.22; 19.17; 28.25).

Para os nossos propósitos, como leitores deste volume, Deus é o autor da sabedoria, a quem não podemos — e não devemos — ignorar sem sofrer consequências indesejadas, nesta vida, e sem enfrentar uma temível prestação de contas na vida que há de vir.

Reflexões

Se você recebesse uma carta, escrita por Deus e endereçada a você, como responderia? O que faria com ela? Como o livro de Provérbios oferece conselhos práticos que se aplicam a todas as pessoas, que vivem em todos os lugares, em todos os tempos, e de todas as culturas, podemos dizer que Deus escreveu este livro para você! Como você está respondendo a ele?

Dia 5: Provérbios 1

O PROPÓSITO DOS PROVÉRBIOS

Ao abrirmos o livro de Provérbios, para descobrir sabedoria divina para nós, uma pergunta apropriada a fazer é: Por quê? Por que Deus preservou esses dizeres por todos os séculos? Se voltarmos ao preâmbulo do livro, encontraremos a resposta. Talvez você queira ler novamente Provérbios 1.1-9. Ao refletir sobre essas palavras, encontro cinco razões por que Deus nos deu este livro de sabedoria:

1. Inspirar reverência e obediência no coração do leitor

As palavras iniciais da primeira seção estabelecem o propósito de todo o livro, em termos muito claros: "Para se conhecer a sabedoria e a instrução" (Pv 1.2). Lembre-se, no pensamento hebraico, "conhecer sabedoria" é colocar a instrução em prática. Não fazer o que sabemos fazer é a definição de tolice. Portanto, o principal objetivo do livro de Provérbios é trazer a verdade divina ao foco apropriado, permitindo-nos olhar para a vida com os olhos de Deus — de seu ponto de vista eterno e onisciente — e viver em conformidade com ele. O livro de Provérbios nos ensina como obter a sabedoria a partir das repreensões de Deus, para que, no poder do Espírito, obedeçamos.

2. Ensinar discernimento

"Para se entenderem (ou *discernirem*) as palavras da prudência" (1.2). Discernir é uma palavra crucial. A palavra hebraica significa "separar; tornar distinto". O discernimento é a capacidade de olhar para uma situação e ver, claramente, todas as suas partes. Uma mente com discernimento tem a capacidade de pensar de maneira crítica, distinguir a verdade do erro, e prever as prováveis consequências de qualquer escolha.

3. Desenvolver a vigilância no caminhar

"Para se receber a instrução do entendimento, a justiça, o juízo e a equidade" (1.3). A palavra original, traduzida como *receber*, transmite a ideia de mobilidade, de levar algo com você, ou de puxar ou rebocar algo. Neste caso, aquele que estuda os dizeres de Deus obtém "a instrução do entendimento". Os provérbios nos deixam vigilantes na jornada da vida. Quem já dirigiu por longas distâncias pode afirmar que coisas ruins podem acontecer — tomar o caminho errado, na melhor hipótese; uma colisão fatal, na pior — quando o motorista não está alerta e vigilante. Esses provérbios do Antigo Testamento nos ajudam a permanecer atentos ao nosso ambiente, e vigilantes a respeito de possíveis perigos.

4. Estabelecer sensatez e propósito na vida

"Para dar aos simples prudência, e aos jovens conhecimento e bom siso" (1.4). O conceito hebraico de sabedoria não inclui a ignorância e a tolice na mesma categoria. A palavra traduzida como *simples* tem esse significado, literalmente. Os que não têm muita experiência na vida ou ainda não se beneficiaram da educação são como trabalhadores sem ferramentas, ou guerreiros sem armas. Os jovens e os ingênuos vêm para a vida sem os equipamentos necessários. Sem conhecimentos intelectuais, não podem ter grandes realizações como trabalhadores, e permanecem desprotegidos sob ataque. Os sábios oferecem este equipamento intelectual e espiritual aos simples, aos que são ingênuos e jovens.

Embora alguns leitores e ouvintes sejam mais velhos do que outros, ninguém "venceu" na jornada da vida. Independentemente de idade ou experiência, cada pessoa continua sendo jovem e ingênua, em algum aspecto. O livro de Provérbios — e a seção de Salomão, em particular — nos assegura que esses dizeres nos equiparão para os desafios da vida. A todos os que peregrinam sem destino, sem objetivo, e aceitando meramente uma perspectiva humana da existência, a sabedoria de Deus oferece esperança!

5. Cultivar a vivacidade mental

"Para entender provérbios e sua interpretação, como também as palavras dos sábios e suas adivinhações [ou enigmas]" (1.6).

Estes dizeres nos ajudarão a pensar com sagacidade: a sabedoria divina dará a nossas mentes uma lâmina afiada. Tenha em mente que essas lâminas requerem fricção para que permaneçam afiadas. Este processo causa fagulhas e raramente é agradável. Como a pedra dura, os Provérbios preparam nossas mentes para fatiar camadas de falsidade até chegar ao núcleo da verdade, em qualquer tema. A sabedoria divina nos dá a capacidade de entender os enigmas da vida. Em breve, a engrenagem de uma perspectiva meramente humana será, gradualmente, substituída pela sabedoria da perspectiva de Deus.

Reflexões

Ao rever as cinco razões por que Deus preparou e preservou este volume de sabedoria, qual mais se aplica a você e às suas necessidades? Como a falta de sabedoria afeta a sua vida? Antes de nos aprofundarmos na sabedoria de Provérbios, escreva, em uma folha de papel em branco, algumas palavras sobre como a falta de sabedoria tem influenciado as suas decisões. Mantenha essa folha de papel à mão, e faça dela o tema de suas orações, antes de se aprofundar, a cada dia.

Semana 2 • Provérbios 1

A Engrenagem da Desobediência

A suprema Sabedoria altissonantemente clama de fora;
pelas ruas levanta a sua voz.
Nas encruzilhadas, no meio dos tumultos, clama;
às entradas das portas e na cidade profere as suas palavras:
Até quando, ó néscios, amareis a necedade?
E vós, escarnecedores, desejareis o escárnio?
E vós, loucos, aborrecereis o conhecimento?
Convertei-vos pela minha repreensão;
eis que abundantemente derramarei sobre vós meu espírito
e vos farei saber as minhas palavras.
Mas, porque clamei, e vós recusastes;
porque estendi a minha mão,
e não houve quem desse atenção;
antes, rejeitastes todo o meu conselho
e não quisestes a minha repreensão;
também eu me rirei na vossa perdição
e zombarei, vindo o vosso temor,
vindo como assolação o vosso temor,
e vindo a vossa perdição como tormenta,
sobrevindo-vos aperto e angústia.
Então, a mim clamarão, mas eu não responderei;
de madrugada me buscarão, mas não me acharão.
Porquanto aborreceram o conhecimento
e não preferiram o temor do Senhor;
não quiseram o meu conselho
e desprezaram toda a minha repreensão.
Portanto, comerão do fruto do seu caminho
e fartar-se-ão dos seus próprios conselhos.

*Porque o desvio dos simples os matará,
e a prosperidade dos loucos os destruirá.
Mas o que me der ouvidos habitará seguramente
e estará descansado do temor do mal.*
(Pv 1.20-33)

Dia 1: Provérbios 1

REPREENSÕES

Vamos encarar a verdade: nós somos um rebanho de ovelhas desobedientes! Não é que sejamos ignorantes, mas somos desobedientes. Na maioria dos casos, *sabemos* o que temos que fazer. Simplesmente, não colocamos em prática o que sabemos. Assim, passamos nossos dias suportando as consequências dolorosas e irritantes de seguir o nosso próprio caminho. A engrenagem da desobediência não é fácil nem nova. Infelizmente, ela tem caracterizado a experiência humana, praticamente desde que os seres humanos apareceram na terra. Os dizeres de Salomão falam diretamente sobre essa tendência.

Segundo este antigo professor, o segredo para escapar à engrenagem da desobediência é a sabedoria. Isto é, sabedoria no sentido hebraico da palavra. A sabedoria bíblica é um processo que começa com a pessoa ganhando conhecimento, e então decidindo deixar de lado a sua antiga maneira de pensar, e colocando em prática esse novo conhecimento. Nos versículos que você acaba de ler (Pv 1.20-33), a sabedoria é personificada como uma heroína corajosa, que está na rua (simbolizando a vida diária) e grita! Ela pede a nossa atenção. Ela não quer que perambulemos ao acaso durante o dia; ela nos incita a nos envolvermos na vida com propósito, levando-a conosco, como nossa conselheira. Ao ler estes versículos, observo três fatos com relação à sabedoria:

A sabedoria está disponível (vv. 20,21).
A sabedoria pode ser ignorada ou menosprezada (vv. 24,25).

Ignorar a sabedoria produz graves consequências (vv. 26-28,31,32).

Quanto mais nos aprofundamos nos dizeres de Salomão, mais claramente descobrimos o que traz sabedoria às nossas vidas. O segredo? Aceitar as repreensões de Deus. Salte à frente, por um momento, e examine comigo a "copla completiva" de Provérbios 3.11,12:

Filho meu, não rejeites a correção do Senhor,
nem te enojes da sua repreensão.
Porque o Senhor repreende aquele a quem ama,
assim como o pai, ao filho a quem quer bem.

E, já que estamos fazendo isso, veja outra declaração que também nos motiva a pensar, em Provérbios 29.1:
O homem que muitas vezes repreendido endurece a cerviz será quebrantado de repente sem que haja cura.

Repreensão deriva de uma palavra hebraica que quer dizer "corrigir, convencer". Penso nas repreensões como estímulos persistentes de Deus, aqueles "cutucões" inconfundíveis, as suas sugestões interiores, que pretendem corrigir os nossos modos e caminhos. As repreensões nos alertam para o fato de que nos desviamos do seu caminho. Elas nos dizem: "Filho meu, isso está errado! Mude o seu caminho!" Essas repreensões — essas advertências, sugestões, cutucões — podem nos afastar da desobediência apenas se dermos ouvidos a elas. Não queremos ser como o tolo, nesta parábola moderna:

Um homem comprou um carro novo, e se divertiu, dirigindo-o por todos os lugares. Infelizmente, não deu atenção às instruções do vendedor, de verificar o nível do óleo cada duas vezes que enchesse o tanque, e de trocar o óleo a cada 5.000 quilômetros rodados. Depois de um ano, ignorou, em primeiro lugar, o cheiro de óleo queimado, e depois, o som estranho e oco do motor. Há muito tempo, ele havia coberto a incômoda luz amarela de advertência com um pedaço de fita isolante, e por isso não viu a luz ficar vermelha, e não entendeu por que seu carro brilhante parou e se recusou a funcionar de novo. Infelizmente, ele também não havia dado ouvidos aos conselhos de seu consultor financeiro, e por isso também não pôde comprar um novo motor.

Reflexões

Que advertências você percebeu, mas talvez tenha ignorado recentemente? Elas podem vir da mais improvável das fontes — uma criança, uma canção, uma irritação, ou uma repentina sensação de mau pressentimento — ou podem vir exatamente de onde você as esperaria, como das Escrituras, um sermão, um ente querido preocupado. Qual foi a sua resposta? Há algo que você deveria deixar de fazer? Algum lugar por onde deveria começar?

Dia 2: Provérbios 1

SINAIS DE PERIGO

O autor e pastor Andy Stanley fala sobre uma ocasião em que ele e um amigo dirigiram de Birmingham a Atlanta e, para abreviar a sua viagem em uma hora, decidiram usar um trecho não concluído da Interstate 20. Sendo adolescentes impulsivos, sentiram um aumento na adrenalina quando desaceleraram seu carro entre as palavras "Estrada" e "Interditada", e então o aceleraram. Eles tinham a estrada apenas para eles, e se divertiram muito... durante algum tempo. Felizmente, foram obrigados a parar por um bom samaritano, antes de uma ponte não concluída que os teria atirado a um pântano.

Devo confessar, houve um momento em minha vida em que eu pensei que era esperto demais para sinais de advertência. Encaremos: muitas advertências são feitas para impedir que pessoas estúpidas façam coisas estúpidas, como: "Não coma" no papel da embalagem. As pessoas inteligentes não precisam desse tipo de conselho. Não é de admirar que um jovem conclua que os sinais de advertência são para outras pessoas, menos inteligentes. Como Andy, no entanto, consegui sobreviver aos meus momentos menos inteligentes, e vivi o suficiente para descobrir que as advertências são para todos (especialmente eu!). A decisão de dar ouvidos a advertências não apenas mostra sabedoria, como revela um espírito humilde e a disposição de admitir que os outros podem ter mais conhecimento ou experiência que você.

Salomão retratou a sabedoria como uma mulher em uma praça pública, chamando os ingênuos e pedindo que eles prestem atenção às suas palavras de advertência. Ela não implora nem sente pânico: ela não tem nada a perder. Antes, adverte que há graves consequências à espera daqueles que decidirem ignorá-la. Naturalmente, Salomão tem o livro de Provérbios em mente. Esta literatura antiga contém um grande número de repreensões atemporais. Por exemplo, veja Provérbios 6.23,24:

> Porque o mandamento é uma lâmpada, e a lei, uma luz,
> e as repreensões da correção são o caminho da vida,
> para te guardarem da má mulher
> e das lisonjas da língua estranha.

O Livro de Deus é como um sinal de advertência à porta de uma caverna escura e profunda, chamada "Imoralidade". Muitos entram nela, mas ninguém sai de lá incólume. Assim, em letras grandes e vermelhas, as Escrituras advertem: "Perigo! Não entre"! Por todas as gerações, no entanto, esses avisos antigos foram ignorados com grande custo pelas as pessoas que sofreram as terríveis consequências da tolice.

Reflexões

Descreva a sua atitude, ao ler um provérbio da Bíblia. Você o leva a sério — como se ele tivesse sido escrito para você, pessoalmente — ou você supõe que foi escrito para o benefício de outras pessoas? O que a sua reação inicial diz a respeito da sua humildade e sabedoria?

Dia 3: Provérbios 1

DA BOCA DAS CRIANÇAS

As repreensões divinas não se limitam às Escrituras. Embora as Escrituras sejam o principal instrumento de comunicação de

Deus, Ele usará quaisquer meios que sejam necessários para conseguir a nossa atenção, quando estivermos seguindo na direção errada. Em outras ocasiões, as repreensões virão verbalmente, daqueles que se importam conosco, incluindo pais, amigos, filhos, colegas, empregadores, vizinhos, um policial, um professor, um técnico esportivo... qualquer pessoa. Considere as seguintes repreensões:

De filhos: "Papai, você já passou dos limites!". Ou "Mamãe, você parece muito impaciente".

De empregadores: "Você não está demonstrando o mesmo entusiasmo que tinha antes". Ou "Você está chegando atrasado ultimamente".

De amigos: "Há algo errado? A sua atitude é tão negativa"!

De uma esposa: "Eu acho que você está ficando muito egoísta, querido".

De um marido: "Você não parece muito feliz nesses últimos dias. Você percebe que o tom de sua voz tem sido áspero"?

Nem sempre as repreensões são verbalizadas — e às vezes, uma reação não verbal ao nosso comportamento pode enviar uma mensagem perfeitamente clara e áspera, como "Pare com isso"! As consequências de nosso comportamento podem nos advertir, "Você colhe o que planta"! Podemos até mesmo ver as nossas próprias qualidades de caráter refletidas nas ações dos outros.

Todos nós temos certas qualidades de caráter que precisam de atenção. Ignorá-las é escolher a desobediência, e essa escolha pode levar a consequências devastadoras. Tratar nossas fraquezas é aprender e crescer com as repreensões pessoais de Deus. Faça uma pausa, e revise esta lista de qualidade de caráter, relembrando advertências verbais e não verbais de seu passado recente. Faça um círculo ao redor das características que perturbam a sua consciência.

Vigilância	Discernimento	Amor	Sinceridade
Apreciação	Disciplina	Lealdade	Submissão

Compaixão	Eficiência	Objetividade	Tato
Confidencialidade	Entusiasmo	Paciência	Capacidade de aprender
Consistência	Flexibilidade	Calma	Esmero
Cooperativismo	Gentileza	Pontualidade	Consideração
Cortesia	Honestidade	Autocontrole	Tolerância
Criatividade	Humildade	Senso de humor	Compreensão
Confiabilidade	Iniciativa	Sensibilidade	Altruísmo

Reflexões

Examine as qualidades que você assinalou como características que precisam de atenção. Para cada uma delas, pense em um exemplo específico em que o seu comportamento prejudicou ou ofendeu alguém. Escreva um pedido de desculpas para cada pessoa, e defina uma ocasião para corrigir a situação. Não adie isso! (Outra repreensão).

Dia 4: Provérbios 1

A Incapacidade de Ceder

Salomão implorou a seu filho — e, consequentemente, a todos nós — para que ouçamos a voz de advertência da sabedoria. A pergunta é: Por quê? Por que Salomão teve que implorar? Por que ignoramos as repreensões de Deus, as das Escrituras, bem como as que nos vêm por outros meios? Examinando as palavras que nos foram preservadas em

Provérbios 1, encontro, pelo menos, quatro razões por que não damos ouvidos à repreensão. Vamos examinar duas delas hoje, e duas amanhã. Prepare-se. Isso pode ser desagradável!

1. Obstinação

"Porque clamei, e vós recusastes" (1.24).

Você vê a última palavra? *Recusastes*. O texto hebraico usa uma forma intensiva do verbo, para transmitir a ideia de "recusar diretamente", "recusar obstinadamente" ou "recusar enfaticamente". Ela é usada, mais frequentemente, no Antigo Testamento, com o sentido de desafio à autoridade estabelecida, de rejeitá-la sistematicamente e forma deliberada, como no caso de Faraó, que se recusou a permitir a saída dos hebreus. Em outra das mensagens de Salomão, o preguiçoso se recusa a conseguir um trabalho (21.25).

Em muitos casos, a determinação pode ser uma característica positiva. Nós elogiamos as parteiras hebreias, no Egito, que se recusaram a matar os recém-nascidos, como o Faraó havia ordenado (Êx 1.17). Graças a Deus pela determinação de Pedro e João, que se recusaram a ficar em silêncio a respeito do Cristo ressuscitado, mesmo depois que as autoridades religiosas os ameaçaram com grave punição (At 4.19,20). A história registra as histórias de muitos homens e mulheres corajosos, que se levantaram contra a opinião popular para defender a verdade diante dos enganos. Chamamos esses indivíduos determinados e obstinados de "heróis", porque eles estavam *certos!* Relutantes, desafiaram a autoridade, porque a verdade exigiu que eles permanecessem firmes. Além disso, reconheceram e aceitaram as consequências de seus atos, sacrificando, de bom grado, o seu próprio bem-estar pelo bem dos outros. A recusa obstinada em dar ouvidos às advertências dos outros, no entanto, revela um espírito arrogante e uma mente entorpecida. Ore pedindo humildade e sabedoria, duas coisas que Deus anseia dar ao seu povo.

2. Insensibilidade

"Estendi a minha mão, e não houve quem desse atenção" (1.24).

Quando Salomão disse: "não houve quem desse atenção", usou uma palavra que sugere não ouvir ou não perceber. Corresponderia ao conceito do Novo Testamento de "fechar os ouvidos". Se você já tentou "penetrar na casca de um indivíduo insensível", já sentiu a frustração de

Deus. Você também pode repetir o velho ditado: "O pior surdo é aquele que não quer ouvir".

Talvez os melhores exemplos de insensibilidade e inconsciência sejam os pedestres que andam com fones de ouvido. Eles passam pela vida no isolamento de seu próprio estúdio de música — literalmente, andando ao ritmo de sua própria música — sem perceber nada do que acontece à sua volta. Tente conseguir a atenção de alguém perdido na inconsciência de um iPod e entenderá a frustração de Deus.

Embora a sabedoria "estenda a mão", muitas pessoas não têm a percepção e deixam de ver o gesto dela, e não ouvem a sua voz.

Reflexões

Qual das declarações é mais verdadeira a seu respeito?

a) Eu ouço o conselho dos outros, mas, em geral, o rejeito, em favor do que penso que é melhor.

b) Frequentemente, não ouço o conselho dos outros, até que algo realmente ruim tenha acontecido.

Por que você acha que é assim? Nas próximas vinte e quatro horas, peça que alguém em quem você confia ofereça a sua perspectiva sobre quão receptivo você é ao conselho de outra pessoa.

Dia 5: Provérbios 1
MENTALIDADE REPUGNANTE

Ontem, examinamos duas razões por que as pessoas deixam de ouvir o conselho da sabedoria — quer seja o conselho encontrado nas Escrituras, quer seja o conselho encontrado em outras fontes — quando tomam decisões. Alguns resistem, obstinadamente, à sabedoria, porque são determinados e se recusam a ceder. Outros simplesmente não ouvem conselhos sábios, em razão da insensibilidade. Hoje, encontramos dois fatores adicionais.

3. Indiferença
"Rejeitastes todo o meu conselho" (1.25).

A palavra hebraica traduzida como "rejeitar" tem o significado básico de "abandonar, deixar de lado, ignorar". A ideia é que impedimos que o conselho de Deus tenha qualquer influência em nossos pensamentos, palavras ou atos. É como se disséssemos: "Realmente, não me importo nada com isso"! Acredite ou não, um sentimento subdesenvolvido do nosso próprio valor pode motivar esse tipo de reação. Estudos psicológicos realizados nos anos 1990 sugerem uma forte conexão entre a ira passivo-agressiva e a procrastinação. Quando as pessoas não realizam tarefas que as beneficiam, o problema pode ser atribuído a um repúdio a si mesmas. Estes estudos meramente observaram, e então, quantificaram, o que Salomão percebeu, há quase três mil anos:

Os ouvidos que escutam a repreensão da vida
no meio dos sábios farão a sua morada.
O que rejeita a correção menospreza a sua alma,
mas o que escuta a repreensão adquire entendimento.
(15.31,32)

A indiferença também pode sugerir hostilidade a Deus. Como crianças, que cruzam os braços e, intencionalmente, se recusam a seguir as instruções de seus pais, nós deixamos de reagir ao conselho de Deus. Deus, no entanto, não sofre as consequências de nossa indiferença. Infelizmente, nós sofremos.

4. Atitude defensiva
"Não quisestes a minha repreensão" (1.25).

A língua hebraica é extremamente vívida! A palavra original, traduzida como *não quisestes* quer dizer "não estar disposto, não ceder, não consentir". A imagem é a de alguém que rejeita a repreensão da mesma maneira como foge à responsabilidade, quando confrontado com transgressões ou injustiças. A pessoa defensiva tipicamente emprega uma de três estratégias:

Negar: a recusa direta de aceitar a verdade de uma situação, especialmente a própria culpa.
Minimizar: recusar-se a ver todo o significado e importância de uma questão, ou negligenciá-la como algo irrelevante.

Transferir a culpa: atribuir a responsabilidade a outra pessoa, ou justificar os próprios atos como uma reação razoável à transgressão ou injustiça de outra pessoa.

Habitualmente, o tolo emprega essas estratégias para evitar dor e sofrimento, supostamente visando a autopreservação. Salomão, no entanto, chama isso de uma forma de repúdio a si mesmo ("menospreza a sua alma", [Pv 15.32]). Essas são palavras poderosas, de um homem sábio, que havia visto a vida de muitas pessoas tolas chegarem a um fim precoce e evitável, porque se recusaram a dar ouvidos às advertências dos sábios.

Reflexões

Você é alguém que aprende da maneira mais difícil, ou você leva a sério advertências e admoestações? Tente se lembrar da última advertência que você ouviu, e anote-a abaixo. Como você reagiu, internamente? Na próxima semana, some o número de advertências que perceber, e considere as suas atitudes como uma maneira de avaliar a sua resposta às repreensões.

Semana 3 • Provérbios 2

A Engrenagem da Superficialidade

Filho meu, se aceitares as minhas palavras
e esconderes contigo os meus mandamentos,
para fazeres atento à sabedoria o teu ouvido,
e para inclinares o teu coração ao entendimento,
e, se clamares por entendimento,
e por inteligência alçares a tua voz,
se como a prata a buscares
e como a tesouros escondidos a procurares,
então, entenderás o temor do Senhor
e acharás o conhecimento de Deus.
Porque o Senhor dá a sabedoria,
e da sua boca vem o conhecimento e o entendimento.
Ele reserva a verdadeira sabedoria para os retos;
escudo é para os que caminham na sinceridade,
para que guarde as veredas do juízo
e conserve o caminho dos seus santos.
Então, entenderás justiça, e juízo,
e equidade, e todas as boas veredas.

(Pv 2.1-9)

Dia 1: Provérbios 2

IMPACTO PROFUNDO

A nossa cultura, apressada e preocupada com a imagem, celebra as pessoas que demonstram um amplo apelo e um caráter superficial. Veja a proliferação dos programas de TV do tipo *reality shows*, que apresentam pessoas que são famosas por serem famosas. Elas não fazem nada, não contribuem com nada, não representam nada e não realizam nada, mas a televisão e os jornais populares não deixam de exibi-las. Isto não é novidade, naturalmente. Cada geração tem uma grande produção de construtores superficiais de imagem. No meio deles, no entanto, como carvalhos entre arbustos raquíticos, homens e mulheres de dignidade se erguem, acima dos demais, rejeitando a superficialidade em favor da profundidade. Eles rejeitam o amplo apelo e, em vez disso, preferem ser transparentes e autênticos. Em vez de tomar um caminho amplo, porém superficial, pela vida, eles se concentram no que consideram importante e de impacto profundo e duradouro. Não perdem tempo polindo sua imagem; o seu interesse está em aprofundar o seu caráter.

Compare, por exemplo, as carreiras de dois escritores norte-americanos — grandes amigos, colegas de escola e vizinhos, quando crianças — Harper Lee e Truman Capote.

Truman era uma criança solitária, excêntrica, com um dom natural para a escrita. Depois que seus pais se divorciaram, quando ele tina quatro anos de idade, foi morar com parentes em Monroeville, Alabama. Enquanto as outras crianças brincavam, ele se dedicava à sua obsessão com palavras, gramática, narrativas e histórias. O menino notoriamente bobo e vaidoso e a menina masculinizada, Harper Lee, se tornaram grandes amigos, compartilhando um grande amor pela escrita e pela literatura.

Aos doze anos, Truman voltou para Nova York, para morar com sua mãe e seu padrasto. Nos seus anos de Ensino Médio, trabalhou como mensageiro no departamento de arte do New Yorker e continuou a aperfeiçoar seu dom. Pouco depois de se formar, ele concluiu vários contos, que foram premiados, e publicou seu primeiro livro, *Other Voices, Other Rooms*. Embora o livro tenha passado nove semanas na lista de livros mais vendidos do jornal *New York Times*, foi o seu retrato controverso na capa que o catapultou para a fama, e lhe conquistou o fascínio do público, que ele sempre havia cobiçado. Ele saboreou a atenção que recebeu da sociedade de Nova York, mas ainda não conseguia acesso à elite que tanto invejava.

Em 1959, ele pediu à amiga de infância, Harper Lee, que o ajudasse com a pesquisa para seu livro de "não ficção", *In Cold Blood*. Alguns anos antes, ela havia se mudado para Nova York, para se tornar escritora. Ela se sustentou como funcionária de uma empresa de aviação, até que seus amigos lhe deram um presente inestimável. No Natal, ela abriu um bilhete, que dizia: "Você pode ficar um ano inteiro sem trabalhar, para escrever o que você quiser. Feliz Natal". Eles a sustentaram, financeiramente, todo o ano de 1958, permitindo que ela concluísse o seu primeiro rascunho de *To Kill a Mockingbird*. No decorrer do ano seguinte, ela aperfeiçoou o manuscrito, concluindo-o em 1959. Quando seu manuscrito foi para a prensa, ela ajudou seu amigo na pesquisa para o livro dele.

Em 1960, o livro de Harper estreou, e se tornou um clássico imediatamente, e ganhou praticamente todas as honras literárias existentes, incluindo o Prêmio Pulitzer. O mais importante, no entanto, é que o livro dela se tornou a obra literária mais influente no movimento em prol dos direitos civis dos negros, desde a obra de Harriet Beecher Stowe, *Uncle Tom's Cabin*. Mas, em vez de buscar a glória para si mesma, se retirou da vida pública, e concedeu sua última entrevista em 1964. Quando lhe perguntaram se escreveria outro livro, ela declarou: "Eu disse tudo o que queria dizer, e não direi novamente".

Capote, por outro lado, chegou à estratosfera da fama com *In Cold Blood*. Finalmente, ele alcançou o seu objetivo, que não era tanto criar uma obra literária definitiva, mas ser celebrado e endeusado como um grande autor. Nos anos 1970 e 1980, praticamente todas as pessoas da América do Norte não apenas conheciam o nome Truman Capote como reconheciam a imagem exibicionista de um autor que não havia escrito nada digno de nota desde 1966. Enquanto isso, as bebidas alcoólicas, as drogas e a celebridade consumiam o homem a quem Norman Mailer havia se referido como "o mais perfeito autor de minha geração".[1] No final, no entanto, Gore Vidal, rival de Capote durante toda a vida, chamou a morte do autor de "um bom progresso na carreira".[2]

Dois autores de dotes incomuns, e duas abordagens completamente diferentes à escrita. Lee escreveu uma história que mudou o mundo, por si só, e decidiu evitar o louvor do público. Capote escreveu buscando a fama. Curiosamente, *To Kill a Mockingbird* ainda é uma leitura exigida na maioria das escolas.

Reflexões

Quando você exercita seus dons ou usa seus talentos, qual é a sua principal motivação? Como você pode usar suas habilidades para se tornar uma pessoa mais profunda? Como você supõe que uma maior profundidade, como pessoa, irá afetar o impacto de suas habilidades em outras pessoas?

Dia 2: Provérbios 2
VAMOS NOS APROFUNDAR AINDA MAIS

Esta semana, vamos considerar a superficialidade. Vamos permitir que as palavras que acabamos de ler se expressem contra os nossos tempos, com imponente relevância. Eu devo prevenir você de antemão, que isso pode não ser fácil. Salomão nos leva, por assim dizer, ao túnel de uma mina, um lugar de trabalho duro, mas nos conduzirá a uma valiosa descoberta.

Examinando atentamente os nove versículos de Provérbios 2, percebo que podem ser divididos, de maneira muito clara, em três seções:

I.   As condições: "Se..." enfatizam o trabalhador (vv. 1-4)

II. A descoberta: "Então..." enfatiza o tesouro (v. 5)

III. As promessas: "Porque..." enfatizam os benefícios (vv. 6-9)

Se você está cansado daquela engrenagem diária da superficialidade, e não mais quer "fingir até conseguir", muito bem! No entanto, deve se lembrar de que romper esse molde é um trabalho extremamente difícil. Salomão escreveu sobre isso quando apresentou as condições para aprofundar as nossas vidas: "Se fizermos isto..." e "Se estivermos comprometidos em fazer isso..." Palavras duras!

Encontro quatro aspectos da disciplina que devemos encarar, se tivermos a esperança de viver além da engrenagem da superficialidade. Vamos examinar dois deles hoje, e dois amanhã.

1. A disciplina da Palavra escrita de Deus

"Filho meu, se aceitares as minhas palavras e esconderes contigo os meus mandamentos..." (v. 1). É essencial *recebermos as palavras de Deus, para que as absorvamos de maneira regular, permitindo que se alojem em nossas mentes*. Poucas coisas afetam nosso mundo, de maneira mais nociva, que a contínua ignorância da Bíblia. Ao mesmo tempo, não podemos superestimar o efeito positivo do conhecimento das Escrituras em uma sociedade. Precisamos apenas olhar para a fundação dos Estados Unidos da América para encontrar as evidências.

Muitos estudiosos questionam se os Pais Fundadores eram crentes professantes, como os líderes de nossas igrejas evangélicas, hoje em dia, definiriam a palavra *cristão*. De qualquer forma, a maioria deles pelo menos tinha uma perspectiva cristã, tinha Deus em alta estima, reverenciava a Bíblia como uma autoridade genuína, conhecia bem a Palavra de Deus, e adotava os seus preceitos como sua fundação moral. Tudo o que foi escrito acima é inegável. O conhecimento que tinham da sabedoria bíblica os levava, primeiro, a pensar profundamente e então a tomar decisões baseadas em princípios, e não no pragmatismo. Na verdade, o conhecimento das Escrituras que eles tinham tornou possível o capitalismo e a democracia.

2. A disciplina do desejo interior

"Para fazeres atento à sabedoria o teu ouvido, e para inclinares o teu coração ao entendimento" (v. 2). Se interpretarmos este versículo corretamente, devemos ter um ouvido atento às repreensões de Deus (você se lembra do assunto da semana passada?) e cultivar um coração aberto para ele. A Bíblia nos adverte, muitas vezes, de que temos uma tendência natural para o egoísmo, a visão limitada e a mentalidade superficial. A palavra *tolo* aparece nada menos que sessenta e duas vezes, apenas no livro de Provérbios. Em termos absolutamente claros, Deus nos incentiva a permanecermos intimamente conectados a Ele:

O temor do Senhor é o princípio da sabedoria, e a ciência do Santo, a prudência. Porque, por mim, se multiplicam os teus dias, e anos de vida se te acrescentarão. (9.10,11)

Reflexões

Ao estabelecer planos, tomar decisões ou solucionar problemas, quais passos práticos você segue, ao buscar a sabedoria divina? Este é o seu procedimento normal, ou é o que faz apenas em caso de emergência?

Dia 3: Provérbios 2
COMO BUSCAR A SABEDORIA

Se você deseja, genuinamente, a sabedoria de Deus, tenha certeza, Ele prometeu não retê-la. Ele declara: "Eu amo os que me amam, e os que de madrugada me buscam me acharão" (Pv 8.17). Aqui estão duas disciplinas adicionais, que colocarão você em contato com o discernimento, o conhecimento e o entendimento de Deus.

3. A disciplina da oração perseverante

"Se clamares por entendimento, e por inteligência alçares a tua voz" (v. 3).

Talvez a disciplina mais ignorada e negligenciada na vida cristã — e uma das mais difíceis — seja a oração constante. Oração perseverante. Oração contínua, incessante.

Não me entenda mal. Não estou sugerindo que simplesmente passemos mais tempo em oração. Aumentar o número de minutos que passamos falando com Deus não deve ser o nosso foco. Em vez disso, devemos cultivar uma mentalidade orientada à oração, e um modo de vida que inclua uma conversa com o Senhor durante o dia todo. Atormentado pela preocupação? Que isso o incentive a derramar as suas preocupações diante de Deus. Desanimado pelo conflito? Partilhe o assunto com o Senhor e peça a sua intervenção. Desconcertado por um problema? Peça a Deus discernimento, conhecimento e entendimento.

Não guarde seus problemas e perguntas para uma sessão mais longa, no fim do dia. Converse com Deus, todos os momentos, durante a vida.

Ore quando precisar, mas não negligencie um período de tempo para a reflexão. Certifique-se de separar alguns minutos durante o dia — dez a quinze minutos, tão frequentemente como necessário — para a solidão, o isolamento, um momento e um lugar que lhe permitam isolar-se de distrações e que permitam uma pausa para a sua mente. Não há nada de místico ou misterioso aqui, mas não se surpreenda quando a clareza substituir a confusão.

4. A disciplina da consistência diária

"Se como a prata a buscares e como a tesouros escondidos a procurares..." (v. 4).

Estamos falando aqui de diligência e esforço! As palavras nos dizem que devemos buscar as verdades de Deus como se estivéssemos explorando prata, e buscar a Sua mente da mesma maneira como buscaríamos tesouros escondidos. Este não é um jogo artificial! É uma busca fervorosa, diligente, da mente de Cristo! Embora não tenhamos que conquistar a sua benevolência — e podemos ter certeza de que Ele não está retendo conhecimento, para nos fazer trabalhar mais — ainda assim, devemos cultivar um desejo pela sua sabedoria que não seja menos intenso que o nosso desejo natural por riqueza.

Cultivar um desejo pela sabedoria divina é algo que começa com a decisão de fazer disso uma prioridade, e começar a buscá-la. Jesus disse: "Onde estiver o vosso tesouro, aí estará também o vosso coração" (Mt 6.21). É um princípio biológico, você valorizará cada vez mais o que quer que você tenha o hábito de buscar. Salomão declarou: portanto, que o fato de cultivarmos uma fome sincera de sabedoria será recompensado: "Então, entenderás o temor do Senhor e acharás o conhecimento de Deus" (Pv 2.5).

Reflexões

O que motiva você mais frequentemente a orar? O que costuma pedir? Não há nada de errado em pedir que Deus modifique as suas circunstâncias, mas a oração também tem o potencial de modificar você — suas perspectivas e valores, atitudes e desejos. Agora mesmo, pense sobre uma situação difícil, e pergunte ao Senhor como Ele quer que você pense ou aja, de maneira diferente, em resposta.

Dia 4: Provérbios 2

Os Benefícios da Sabedoria

A sabedoria é a sua própria recompensa. Ainda assim, Salomão predisse que a pessoa que buscar a sabedoria divina terá vantagens significativas. Hoje, vamos considerar os benefícios *interiores* da sabedoria. Amanhã, vamos considerar os benefícios da sabedoria que vem *do alto*.

1. A sabedoria e os seus benefícios interiores: mais sabedoria, além de conhecimento e entendimento

> Porque o Senhor dá a sabedoria, e da sua boca vem o conhecimento e o entendimento. (v. 6)

Temos uma significativa escassez daquilo que Paulo, o apóstolo, chamou de "sensatez", uma característica que ele considerava uma qualidade típica da maturidade espiritual. Ele incentivou os velhos, para que fossem "prudentes" (Tt 2.2). Pouco depois, encorajou as mulheres jovens, para que fossem "moderadas" (v. 5). Logo depois disso, ressaltou a mesma característica nos rapazes (v. 6). E então, novamente, escreveu que todos nós, que nascemos de novo, "vivamos neste presente século sóbria, justa e piamente" (v. 12).

Imagine quantos problemas espirituais poderíamos evitar, simplesmente vivendo de maneira sensata, aplicando a sabedoria divina a cada decisão, quer seja nos assuntos mundanos quer naqueles que se referem à transformação de vida. Lembro-me de celebrar o casamento de duas pessoas de idade mais avançada, há alguns anos. Percebendo que ambos poderiam ter dificuldades para se adaptar à vida de casados, tive três ou quatro sessões de aconselhamento com eles, antes do casamento, enfatizando a importância de conservar o equilíbrio e evitar situações extremas. Até mesmo dei-lhes alguns projetos nos quais poderiam trabalhar, para ajudá-los a cultivar maneiras sensatas de se ajustar, um ao outro. Poucos meses depois do casamento, eles estavam de volta ao meu escritório, olhando um para o outro. Ela estava furiosa com ele, pela recusa dele em "dar a ela mais espaço".

Eu suspeitava que o fato de ela ter morado sozinha, por tantos anos, poderia tê-la deixado mais sensível ao fato de dividir o seu espaço, e poderia exigir um período mais longo de ajuste, por isso, perguntei, claramente, o que ela queria dizer quando se referia à sua necessidade de espaço. Você está preparado? Ele havia tirado todas as portas internas da casa e as havia empilhado na garagem, porque "não queria que nenhum deles tivesse nenhum segredo". Ele também começou a verificar a quilometragem do carro dela, quando saía para trabalhar pela manhã, e, novamente, ao voltar para casa à noite. E complementava com um interrogatório verbal, durante o jantar: "Onde você foi hoje? O que lhe fez dirigir 28 quilômetros"?

Isso bastou! Ela passava, deliberadamente, horas a fio dirigindo seu carro, a esmo, sem ir a lugar algum, e isso trazia a dúvida dele sobre a fidelidade dela. Ambos sofriam de uma grave falta de sensatez. Precisavam de uma dose de sabedoria. Não é de surpreender que o casamento deles tenha durado um período muito curto.

Este é um exemplo extremo, mas você entendeu. A presença interna de sabedoria, conhecimento e entendimento *pode* afetar a maneira como as coisas acontecem na vida, e pode resultar em grandes benefícios. Nem sempre, mas de modo geral, quando agimos de uma maneira sábia, a vida fica mais suave — e a sabedoria *sempre* nos ajudará a reagir bem, mesmo quando as coisas não vão tão bem.

Reflexões

Pense em uma ocasião específica, em que a sabedoria guiou a sua reação a uma circunstância difícil. Como a sabedoria ajudou a conter o potencial derramamento de tolice? O que você acha que poderia ter acontecido, se você tivesse se comportado com menos sabedoria?

Dia 5: Provérbios 2

OS BENEFÍCIOS SOBRENATURAIS DA SABEDORIA

Obviamente, o comportamento sábio, sensato ou sensível nos prepara para reagir, de maneira construtiva, a dificuldades e conflitos. Considere, novamente, os exemplos de Harper Lee e Truman Capote. Não sei se algum deles professou crer em Cristo. Seja como for, vemos como a presença ou a ausência de sabedoria os levou a viver a vida de maneiras tão diferentes. Eles começaram na mesma pequena cidade do estado de Alabama, ambos se mudaram para Nova York, alcançaram um sucesso fenomenal como escritores, e, no entanto, reagiram de maneira extremamente diferente à notoriedade. A busca pela fama consumiu Capote, que morreu precocemente e de modo vergonhoso. Lee confirmou o impacto de seu livro, mas rejeitou a glória pessoal. Na época em que este livro é escrito, ela continua a viver tranquilamente e, sim, de forma sensata.

Embora a sabedoria nos ajude a moldar o nosso próprio ambiente, tornando-o menos caótico e mais construtivo, Deus nos promete ainda mais. Ele promete que não nos deixará lutar sozinhos, em um mundo corrupto e tolo. Promete permanecer pessoalmente envolvido conosco, em nossa busca pela sabedoria.

2. Benefícios da sabedoria do alto: proteção

> Ele reserva a verdadeira sabedoria para os retos;
> escudo é para os que caminham na sinceridade,
> para que guarde as veredas do juízo
> e conserve o caminho dos seus santos.
> Então, entenderás justiça, e juízo,
> e equidade, e todas as boas veredas. (Pv 2.7-9)

Em poucas palavras, viver de modo sensato nos coloca sob um guarda-chuva invisível de proteção divina. Ao decidir buscar a sabedoria, nós ficamos ao lado de Deus, contra a tolice, a desonestidade, a má conduta e a injustiça. Ele se alegra em nos apoiar quando nos tornamos parte da sua agenda. Ainda assim, o apoio que nos dá não quer dizer que não vamos sofrer. Na verdade, estamos em guerra contra o mal. O mundo é um campo de batalha e, como soldados, sofreremos dificuldades e feridas. Muitos milhares de mártires morreram, como resultado da posição que assumiram, em favor do evangelho, contra poderosos perseguidores. A sabedoria traz proteção sobrenatural e divina. O seu guarda-chuva protetor pode ser invisível, mas isso não nos torna invencíveis para o mal. Não *nesta* vida.

Mas Deus promete que sofreremos menos nas mãos do mal, se aceitarmos a sabedoria divina, em vez de recusá-la. Além disso, o sofrimento que sentirmos será usado para o nosso bem (Rm 8.28-39). E, mais que isso, o sofrimento que suportarmos será temporário, e acabará dando lugar a um período em que aqueles que buscam a sabedoria de Deus desfrutarão a eternidade, onde "Deus limpará de seus olhos toda lágrima, e não haverá mais morte, nem pranto, nem clamor, nem dor, porque já as primeiras coisas são passadas" (Ap 21.4). Recebemos alguma proteção agora, e a proteção suprema, quando Ele redimir este mundo de sua tolice e seu mal.

Entre o agora e a eternidade, a sabedoria nos tira de nossa superficialidade, permitindo que desfrutemos mais de Deus agora, e conservemos uma perspectiva eterna, em meio a um mundo pecaminoso e tolo.

Reflexões

Pense em uma ocasião em que você agiu com sabedoria, e se encontrou protegido do mal. Como você acha que Deus esteve envolvido nessa situação? Cedo ou tarde, você enfrentará uma situação em que a integridade, honestidade, justiça ou retidão poderão colocá-lo no caminho do mal. Como as experiências passadas da proteção de Deus lhe ajudarão a decidir de maneira sensata?

Semana 4 • Provérbios 3
A Engrenagem da Preocupação

*Filho meu, não te esqueças da minha lei,
e o teu coração guarde os meus mandamentos.
Porque eles aumentarão os teus dias
e te acrescentarão anos de vida e paz.
Não te desamparem a benignidade e a fidelidade;
ata-as ao teu pescoço;
escreve-as na tábua do teu coração
e acharás graça e bom entendimento
aos olhos de Deus e dos homens.
Confia no Senhor de todo o teu coração
e não te estribes no teu próprio entendimento.
Reconhece-o em todos os teus caminhos,
e ele endireitará as tuas veredas.*
(Pv 3.1-6)

Dia 1: Provérbios 3
O Remédio da Tranquilidade

A preocupação é uma das nossas falhas de caráter mais aceitáveis, juntamente com a gula e o perfeccionismo. Afinal, todos se preocupam, e ninguém sabe bem como deixar de fazê-lo. Além disso, a principal vítima da preocupação é aquele que se preocupa, e por isso ela parece suficientemente inofensiva. Mas a preocupação é uma coisa séria. Não apenas causa vários problemas físicos de certa gravidade, como também pode motivar graves problemas emocionais, como depressão, ansiedade e até mesmo distúrbios compulsivos. E, o que é ainda mais importante, a preocupação é um problema espiritual, sendo, ao mesmo tempo, um sintoma da tolice e uma precursora do pecado. Salomão ofereceu, então, uma solução para esta tão antiga doença da alma.

Esta passagem contribui para um extenso discurso em que Salomão aconselhava seu filho a respeito de vários temas. Observe as suas muitas referências a "Filho meu" nos três primeiros capítulos do livro de Provérbios (1.8,10,15; 2.1; 3.1,11,21). Salomão dedicou muito tempo e esforço para preservar este conselho sábio e paternal. Neste caso, explicou como encontrar serenidade em meio ao caos e assim acrescentar anos à sua vida, e tranquilidade aos seus dias.

Salomão aconselhou seu filho a cultivar bons relacionamentos com a sua comunidade, o que poderíamos chamar de "integridade horizontal" (vv. 3,4), e a manter um relacionamento correto com o seu Deus, o que é a "integridade vertical" (vv. 5,6). Ambos descrevem um princípio de causa e efeito, que não é, em nada, diferente de uma lei da física ou um princípio da vida. Solte um peso, e ele cairá. Coma de maneira sensata, pratique exercícios físicos regularmente, e o seu corpo estará em forma. Viva de acordo com os seus meios, economize dinheiro, e assim você terá riquezas. Vamos examinar a questão dos relacionamentos horizontais hoje, e passaremos o resto da semana descobrindo como conservar a integridade vertical.

O sábio declarou que podemos minimizar a preocupação, assimilando duas virtudes essenciais: a bondade e a verdade. A palavra *bondade* é uma das palavras mais importantes, teologicamente, da cultura hebraica. A palavra hebraica *chesed* é traduzida de várias maneiras, como "misericórdia", "benignidade", "graça" e "lealdade", e descreve a graça inexorável, inexplicável e impressionante de Deus para com o povo do seu concerto. É esta qualidade do caráter de Deus que faz com que Ele honre o seu concerto, independentemente das muitas falhas de Israel.

A palavra hebraica traduzida como "verdade" transmite a ideia de firmeza ou segurança. Não se trata da verdade como conhecimento, mas da verdade com uma maneira de relacionamento: a integridade relacional. Quando a verdade faz parte do seu caráter, você fala honestamente, honra os seus compromissos, e apoia outros que são "verdadeiros".

Quando a bondade e a verdade se tornam uma parte natural das nossas interações com os outros, a benevolência e uma boa reputação se tornam nossa recompensa. Elas são muito úteis para evitar problemas, bem como para esgotar o nosso reservatório de preocupações.

Reflexões

Quando você reflete a respeito dos problemas que mais lhe preocupam, quais são causados por conflitos ou maus relacionamentos com outras pessoas? De quais preocupações você pode se livrar, reconciliando-se com alguém, mesmo que neste processo você deva aceitar alguma dor e perda?

Dia 2: Provérbios 3
FALANDO CLARAMENTE SOBRE A CONFIANÇA

Em seu conselho paterno a respeito da preocupação, Salomão deixou de lado a dimensão horizontal, para considerar a vertical (vv. 5,6), o nosso relacionamento com Deus. Nesses versículos há quatro verbos que têm um interesse especial para todos os que querem viver além da engrenagem diária da preocupação.

- confiar
- estribar
- reconhecer
- endireitar

Os três primeiros são instruções dirigidas ao filho de Deus. Eles são nossa responsabilidade: "Confia... não te estribes... reconhece". O quarto verbo — *endireitará* — é uma simples declaração da promessa de Deus, declarando a sua parte no concerto. A estrutura das três instruções seguidas de uma promessa indica, fortemente, outro princípio de causa e efeito em que podemos confiar. Esta causa particular, porém, resulta em um efeito *sobrenatural*.

A nossa parte: Confia! Não te estribes! Reconhece!
A parte de Deus: Ele endireitará...

Perceba, também, que os pronomes possessivos de segunda pessoa — *teu, teus, tuas* — aparecem quatro vezes. Esta é uma promessa pessoal em que você pode confiar, a qualquer momento. Ou não. Deus deixa a nós essa decisão.

Assim, a primeira e a última frases estabelecem a principal ideia; as duas declarações intermediárias meramente amplificam a ideia. A ideia principal é "Eu devo confiar no meu Senhor, com todo o meu coração — sem reservas; em resposta, Ele endireita os meus caminhos". As duas frases intermediárias expandem a ideia principal.

Confiança é uma palavra dramaticamente descritiva. É similar a uma palavra árabe que significa, literalmente, "prostrar-se sobre o próprio rosto", uma posição que transmite a ideia de total dependência e submissão. *Confiança* se refere a prostrar-se com o rosto no chão, mental e emocionalmente — entregando à outra pessoa todas as esperanças para o presente e para o futuro, encontrando, nela, provisão e segurança. Em muitos contextos hebraicos, a palavra *confiança* transmite a ideia de se sentir a salvo ou seguro, e despreocupado. Para ver isso com mais clareza, veja o inteligente jogo de palavras de Provérbios 11.28:

Aquele que confia nas [ou "se entrega a"] suas riquezas cairá,
mas os justos reverdecerão como a rama.

Somos instruídos a não confiar nas riquezas, pois elas não são seguras (veja Pv 23.4,5). Se você se dedicar a enriquecer, se você se entregar à sua riqueza, esperando encontrar ali provisão e segurança, ficará tristemente desapontado. As riquezas falham e desaparecem. Além disso, a riqueza material não poderá lhe ajudar na eternidade.

Considere, também, Provérbios 3.21-23:

Filho meu, não se apartem estas coisas dos teus olhos;
guarda a verdadeira sabedoria e o bom siso;
porque serão vida para a tua alma
e graça, para o teu pescoço.
Então, andarás com confiança no teu caminho,
e não tropeçará o teu pé.

A palavra traduzida pela expressão "com confiança" tem a mesma raiz hebraica que a nossa palavra *confiança*. O nosso Senhor nos ordena que nos entreguemos completa, plena e absolutamente a Ele — e a Ele, apenas!

A palavra *Senhor* traduz o nome sagrado de Deus, expresso pelas quatro consoantes YHWH. Ainda hoje, os judeus ortodoxos o consideram tão sagrado que nem mesmo o pronunciam. É o título dado ao Deus de Israel, que cumpria o concerto, o supremo Rei do universo, que se uniu ao seu povo por amor e promessa. Os autores do Novo Testamento — reconhecendo a divindade do precioso Filho de Deus — aplicaram o título a Jesus. Temos que confiar completamente nEle, encontrando nossa provisão e segurança no seu cuidado soberano.

A palavra *coração* pouco tem a ver com o órgão que bombeia sangue no seu peito. *A palavra é usada, por todo o Antigo Testamento, com referência ao nosso ser interior, aquela parte de nós que constitui a sede do nosso intelecto, emoção e vontade: a nossa consciência e a nossa personalidade. Assim, o que é que o Senhor está dizendo?* Ele está dizendo que devemos nos entregar ao nosso Deus Salvador com total confiança, sem esconder ou reter nenhuma área de nossa mente, vontade ou sentimento. Esta, meu amigo, é uma tarefa e tanto!

Reflexões

A instrução "Confia no Senhor de todo o teu coração" acrescenta uma dinâmica às principais tomadas de decisão na vida. Pense em uma decisão importante que você deverá tomar, no futuro próximo. Ao considerar suas opções e avaliar os fatores usuais, proponha e responda a seguinte pergunta: que opção requer maior confiança na fidelidade de Deus? Como a sua resposta afeta a sua perspectiva sobre o assunto?

Dia 3: Provérbios 3

COMO CONFIAR EM DEUS

Enquanto continuamos o nosso estudo sobre o conselho de Salomão a respeito da preocupação, observe que duas linhas intermediárias expandem a principal ideia da confiança no Senhor. "Confia de todo o teu coração" envolve duas ações: uma negativa, a outra, positiva.

Hoje, examinamos a instrução negativa: "Não te estribes no teu próprio entendimento" (v. 5). A palavra *entendimento* é tão importante que, no texto hebraico, aparece no início da sentença: "No teu entendimento, não te estribes". *Esta palavra se refere à nossa capacidade de observar algo, obter conhecimento e discernir, para formular uma decisão. Naturalmente, a diligência é nossa responsabilidade. Investigar, buscar perspectivas, aplicar a lógica e formular ideias. Deus não nos pede que renunciemos ao planejamento, nem que nos atiremos cegamente a decisões. Ele quer que a nossa maior prioridade seja confiar nEle.* Deixe que a confiança no caráter de Deus, no seu poder, planos e fidelidades passadas seja a base para todos os seus processos de tomada de decisão, exercendo juízo genuíno e saudável. (Por favor, leia isso outra vez.)

Aqui está um exemplo útil: um jovem está convencido de que Deus o chamou para o ministério vocacional em período integral. Ao atender a esse chamado, o jovem reconhece a sua necessidade de treinamento em um bom instituto bíblico. Ele visita a escola, considera os alojamentos, calcula o custo do curso e o custo de vida, e até mesmo identifica um emprego adequado, que não interferiria em seus estudos. Mas — no papel — o seu orçamento não funciona. As despesas superam a renda. Ainda assim, ele sabe que Deus o chamou para preparar-se, por isso ele faz as malas e se matricula. Por quê? Porque ele tem tal confiança na provisão de Deus que não esperará até que tenha solucionado todos os detalhes antes de obedecer à vontade de Deus.

"Não te estribes no teu próprio entendimento" quer dizer que você não deve dar a prioridade à sua própria perspectiva limitada. A palavra *estribar-se* é, naturalmente, usada em sentido figurado com o significado de "apoiar-se", "confiar em algo". Podemos nos apoiar em uma bengala, um muro ou outra pessoa para conseguirmos ficar de pé. A mensagem é: "Sinta-se completamente confiante em Deus e não dependa da sua própria inteligência, discernimento ou habilidade para não cair".

Conheço um senhor que sofreu um grave acidente ao esquiar, e teve que usar muletas por muitas e longas semanas. Várias vezes, o vi ofegante, no topo de um lance de escadas. Suas mãos estavam vermelhas e machucadas, pelo uso constante das muletas. Ele descobriu que apoiar-se em muletas é exaustivo.

Igualmente exaustivo é apoiar-se no seu próprio entendimento! Se você quer passar um dia exaustivo, tente solucionar os seus problemas usando apenas o seu próprio ponto de vista limitado. Examine todas as possibilidades em que conseguir pensar. Quando, inevitavelmente, chegar a um beco sem saída, recue e tente uma nova direção, feita pelo homem. Você acabará ficando sem ideias e sem energia. Então, se não confiar em Deus, terá apenas uma opção: preocupar-se.

Reflexões

Pense em um problema ou dilema que você está enfrentando agora, ou provavelmente enfrentará no futuro próximo. Ao considerar as questões envolvidas, anote todo o conhecimento ou habilidades de que você precisaria para tomar as decisões estando plenamente informado, e então para agir exatamente da maneira necessária. Que porcentagem desse conhecimento ou habilidade você possui atualmente? O que fará para compensar essa falta?

Dia 4: Provérbios 3

A INTIMIDADE COM O DEUS TODO-PODEROSO

Como descobrimos ontem, "confiar no Senhor de todo o teu coração" começa com a decisão de não "estribar-te no teu próprio entendimento". A segunda escolha exige que "o reconheças em todos os teus caminhos".

Reconhecer deriva de uma palavra hebraica simples, que quer dizer "conhecer". Este tipo de conhecimento é pessoal e experimental. Na verdade, os autores hebreus usavam esta palavra como um eufemismo para as relações sexuais entre um marido e uma esposa. O conhecimento de Deus no que diz respeito às suas criaturas é completo (Gn 18.18; Dt 34.10; Is 48.8; Sl 1.6 e 37.18), e Ele quer que o conheçamos com a mesma intimidade. Em vez de nos apoiarmos nas muletas humanas de nosso próprio conhecimento ou habilidades, somos exortados a conhecer a mente de Deus — o seu caráter, os seus valores, os seus atributos, o seu plano.

A palavra hebraica *derek* quer dizer "caminho" ou "estrada". No sentido figurado, a palavra se refere às escolhas que fazemos e às experiências que vivemos ao longo da vida. Deus nos encoraja, para que conheçamos a sua mente em todas essas decisões e circunstâncias. Além disso, *derek* também pode querer dizer "maneira característica", como em Provérbios 30.18,19:

Há três coisas que me maravilham,
e a quarta não a conheço:
o caminho da águia no céu,
o caminho da cobra na penha,
o caminho do navio no meio do mar
e o caminho do homem com uma virgem.

Uma imagem visual associada a *derek* é a do arco de um arqueiro, que tem uma curvatura natural. Salmos 7.12 usa a forma verbal desta palavra para retratar o Senhor, que já "tem armado o seu arco e está aparelhado". Conhecer a Deus e fazer as coisas à sua maneira não quer dizer que devamos sacrificar a nossa singularidade, nem viver em conformidade com um modo de vida específico: nós não precisamos usar determinadas vestes, viver como os nossos vizinhos, praticar apenas aqueles passatempos, permanecer dentro dos limites — longe disso! Descubra quem Deus lhe criou para ser, e siga o seu caminho exclusivo. Não deixe de conhecer a Deus.

Paulo, o apóstolo, foi, de longe, diferente de qualquer homem de sua época, e nunca houve ninguém como ele. Ele fez escolhas incomuns na vida — permanecendo solteiro, viajando constantemente, dedicando-se inteiramente ao ministério — e tomou um caminho na vida no qual ninguém mais conseguiria andar. Ele alcançou mais realizações, em quinze anos, do que muitas pessoas realizam em uma vida inteira. Além de evangelizar grande parte do mundo romano, escreveu mais de um terço do Novo Testamento. No entanto, nada substituiu a sua prioridade número um: conhecer a Cristo.

E, na verdade, tenho também por perda todas as coisas, pela excelência do conhecimento de Cristo Jesus, meu Senhor; pelo qual sofri a perda de todas estas coisas e as considero como esterco, para que possa ganhar a Cristo e seja achado nele, não tendo a minha justiça que vem da lei, mas a que vem pela fé em Cristo, a saber, a justiça que vem de Deus, pela fé; para conhecê-lo, e a virtude da sua ressurreição, e a comunicação de suas aflições, sendo feito conforme a sua morte; para ver se, de alguma maneira, eu possa chegar à ressurreição dos mortos (Fp 3.8-11).

Reflexões

Nós começamos a nos preocupar quando o nosso conhecimento e as nossas habilidades atingem os seus limites. Em que área de sua vida você se sente menos competente? De que modo um entendimento mais profundo de Deus — do seu caráter, valores e promessas — pode lhe ajudar a se sentir "confiantemente" despreocupado a respeito dos seus problemas?

Dia 5: Provérbios 3

O CAMINHO CORRETO

Deus estabeleceu um paradigma para nos ajudar a escapar da armadilha da preocupação. Este princípio de causa e efeito é parte da criação, tanto como a lei da gravidade. Ele envia três instruções ao filho de Deus. Elas são nossa responsabilidade: "Confia... não te estribes... reconhece". O quarto verbo — *endireitar* — é parte da declaração da promessa de Deus, a sua parte no concerto. Quando confiarmos nEle, e não nas nossas perspectivas e opiniões, Ele promete "endireitar as [nossas] veredas". Esta imagem é uma referência à antiga forma de abrir estradas. Eles limpavam o terreno, removiam os obstáculos, preenchiam buracos, nivelavam montes, e abriam veredas nas encostas dos montes. Em sentido figurado, a expressão quer dizer "possibilitar o progresso" ou "transformar planos em realidade". Quando confiarmos em Deus e aprofundarmos o conhecimento pessoal e experimental que temos dEle, Ele possibilitará o nosso progresso pela vida, e nos ajudará a seguir, com sucesso, o caminho que determinou para nós (Sl 139.16).

Agora que analisamos todas as partes vitais, vamos organizar os versículos em uma paráfrase ampliada:

Entregue-se completamente ao Senhor. Entregue todas as suas necessidades atuais e futuras àquEle que é o seu Deus e Salvador íntimo... e encontre nEle a sua segurança. Faça isso com toda a sua vontade, sentimento e pensamento. Para que isso seja possível, você precisa se recusar a apoiar-se na muleta da inteligência humana. Em vez disso, estude o Senhor. Aprenda sobre o seu caráter, descubra os seus planos para você e o mundo, maravilhe-se com o seu amor e interesse por você, em cada uma das suas circunstâncias. Então, Ele — tendo recebido total controle da sua vida — suavizará e endireitará os seus caminhos, removendo os obstáculos pelo caminho.

Reflexões

Pense em três problemas ou situações que motivam a sua preocupação. Formal, e, preferivelmente, por escrito, entregue esses problemas a Deus, para que Ele lide com eles, à sua maneira, e segundo o seu cronograma. Cada manhã, durante a próxima semana, leia a paráfrase que inseri acima. Sempre que esses problemas lhe vierem à mente e começarem a despertar a sua preocupação, interprete isso como um sinal de que você deve entregar o assunto a Deus e pedir a sua orientação.

Semana 5 • Provérbios 4

A Engrenagem de um Coração Desprotegido

Filho meu, atenta para as minhas palavras;
às minhas razões inclina o teu ouvido.
Não as deixes apartar-se dos teus olhos;
guarda-as no meio do teu coração.
Porque são vida para os que as acham
e saúde, para o seu corpo.
Sobre tudo o que se deve guardar, guarda o teu coração,
porque dele procedem as saídas da vida.
Desvia de ti a tortuosidade da boca
e alonga de ti a perversidade dos lábios.
Os teus olhos olhem direitos,
e as tuas pálpebras olhem diretamente diante de ti.
Pondera a vereda de teus pés,
e todos os teus caminhos sejam bem ordenados!
Não declines nem para a direita nem para a esquerda;
retira o teu pé do mal.
(Pv 4.20-27)

Dia 1: Provérbios 4

Uma Questão de Vida ou Morte

Não se engane! O seu coração está sendo sitiado. Como bandos de ladrões ao redor de uma fortaleza, os anunciantes, os magnatas da pornografia e os magos dos meios de comunicação procuram encontrar um ponto de entrada. Eles arremessam projéteis e deixam cair iscas sutis, procurando pontos fracos, e gritando insultos, esperando conseguir entrar. Eles querem entrar, para que possam sujeitar você.

À primeira vista, você pode pensar que estou sendo excessivamente dramático. Mas acredite em alguém cujo trabalho envolve recolher os pedaços de vidas destruídas. Estou oferecendo apenas um relance da realidade que eu vivo, porque muitos outros me contaram suas histórias. Consumo de drogas, vício de pornografia, adultério, abandono, fraude, vidas duplas repentinamente descobertas, e que ocasionam estragos para todos — eu já vi a devastação e a dor disso tudo. Curiosamente, todos os casos têm um fator em comum: um coração que, gradualmente, se tornou corrupto, começando com o que poderia ser chamado de "uma primeira vez fatal". (Mais informações sobre isso, mais adiante). Depois que tivermos nos aprofundado um pouco neste assunto, espero que você perceba como esta engrenagem pode ser perigosa.

Para começar, você se lembra de que, nos textos de Salomão, *coração* raramente se refere ao órgão físico. Anteriormente, aprendemos que *coração* se refere ao nosso ser interior, a sede de nossa consciência, o nosso núcleo de tomada de decisões, o centro de nossa mente, nossas emoções e nossa vontade. Na verdade, o termo hebraico aparece neste contexto mais de setenta vezes, apenas no livro de Provérbios. Por isso, quando eu falar sobre "um coração desprotegido", esta semana, terei em mente a responsabilidade que temos de proteger o nosso ser interior da invasão do inimigo.

Salomão considerava claramente este conselho particular como uma questão de vida ou morte... literalmente. Ele escreveu: "Porque [estas palavras] são vida para os que as acham e saúde, para o seu corpo" (Pv 4.22). Em outras palavras, este conselho não apenas impedirá que você morra, como também lhe ajudará viver verdadeiramente. Não meramente existir, mas *viver!* Este conselho também ajudará você a ter boa saúde e evitar as consequências físicas negativas do pecado.

A mensagem principal aparece nos versículos 23-27, que pode ser esquematizada desta maneira:

I. *O que* devemos fazer (v. 23a)

II. *Por que* devemos fazer isso (v. 23b)

III. *Como* podemos fazer isso (vv. 24-27)

Reflexões

Nas próximas 24 horas, seja um observador atento da sua parte do mundo. Tome nota do número de vezes em que algo, nos meios de comunicação, tenta influenciar a sua opinião, modificar seus valores ou afetar seu comportamento. Na verdade, faça um cálculo. Use a sua imaginação e descreva o efeito na sua vida, se você tivesse dado ouvidos a apenas 10% dessas mensagens.

Dia 2: Provérbios 4

O SEU MAIOR TESOURO

Ao examinar o conselho de Salomão, sobre a importância de proteger o coração, perceba que, novamente, ele dirige as suas palavras da seguinte forma: "Filho meu". Como o Espírito Santo preservou esta passagem para nós, agora nos beneficiamos do sábio conselho paterno de Salomão. Observe o comentário que ele faz a respeito de inclinar os seus ouvidos às palavras dele e conservá-las "no meio do teu coração" (v. 21). Muito interessante! Nos próximos minutos, quero que dediquemos toda a nossa atenção a essa ideia de proteger o coração. Esta é a maneira como Salomão a expôs:

> Sobre tudo o que se deve guardar, guarda o teu coração, porque dele procedem as saídas da vida. (4.23)

Perceba três aspectos importantes deste importante versículo:

1. Isto é uma ordem: "Guarda".

2. Essa ordem tem uma intensidade: "sobre tudo o que se deve guardar".

3. A razão para a instrução é apresentada na última parte do versículo — "porque..."

Notavelmente, o texto hebraico deste versículo começa com "sobre tudo o que se deve guardar". Como já vimos, os autores hebreus usam a ordem de palavras para enfatizar uma ideia, normalmente colocando o que é mais importante em primeiro lugar em uma sentença. Em uma estrutura normal, em primeiro lugar vem o verbo, seguido pelo sujeito, e então o objeto. Mas Salomão mudou a ordem, para enfatizar a importância de seu conselho — o que, é claro, quer dizer que Deus considera o conselho crucial. A expressão hebraica traduzida como "sobre tudo" também poderia ser traduzida como "com toda diligência".

Salomão criou um intrincado jogo de palavras com a palavra hebraica para "diligência", um termo que, originalmente, vem de um substantivo que significa "lugar de confinamento", um lugar que deve ser cuidadosamente observado, protegido, preservado, ou guardado, como uma cidade murada. A palavra faz alusão ao dever de um vigia em uma porta ou uma sentinela sobre uma torre, cuja função era inestimável. As vidas de todos na cidade dependiam da sua diligência. Salomão redobrou sua ênfase, combinando esta ideia com a ordem, "guarda".

O principal verbo hebraico traduzido como "guardar" é *natzar*, que significa "preservar, guardar". A mesma palavra aparece em Isaías 26.3: "Tu *conservarás* em paz aquele cuja mente está firme em ti; porque ele confia em ti" (ênfase minha). A palavra é usada frequentemente na literatura de sabedoria, para descrever a Deus como o Pastor do seu povo. Um pastor vigia seus rebanhos, para impedir que se firam, para protegê-los de predadores e para suprir suas necessidades.

No sentido literal, *natzar* descreve o dever de um guarda em uma torre de vigia. Ele vigia continuamente o horizonte, procurando detectar a aproximação de exércitos ou ataques noturnos. Ele discerne quem pode entrar na cidade, e está autorizado a usar uma força mortal para impedir a entrada ilícita. Talvez uma boa paráfrase fosse: "Mais que todo o resto que deve ser cuidadosamente vigiado e protegido (como uma cidade ou um cofre no banco), proteja o seu ser interior — a sua mente, as suas emoções, o seu caráter, o seu discernimento — como uma sentinela, à porta, vigia uma cidade, em sua torre de vigia".

Reflexões

Se você fosse responsável pela proteção de documentos secretos, críticos para a segurança de seu país, como protegeria essa informação? Em quem confiaria? Onde guardaria os documentos? Descreva o seu provável estado de espírito.

Dia 3: Provérbios 4

VIGILANTE!

Nosso estudo a respeito do conselho paterno de Salomão nos ajuda a apreciar a importância de proteger o nosso coração, o nosso ser interior. Ele explica, então, o motivo. A conjunção *porque* introduz a explicação. A palavra hebraica indica uma resposta à pergunta "Por quê?" Devemos proteger nosso coração porque "dele" procede algo extremamente importante.

A palavra hebraica *motzah* é traduzida como "procede". Literalmente, quer dizer "o ato ou lugar de saída". É o lugar de onde se vem, ou o lugar para onde se vai. A preposição *de* nos diz que, aqui, o contexto é um lugar de onde a vida vem: o ser interior é a verdadeira origem de nossas vidas.

No entanto, a filosofia grega ocidental nos ensinou a pensar na vida como um tipo de energia ou força animadora que mantém uma pessoa viva. Algumas religiões do Extremo Oriente também consideram a vida dessa maneira. Por outro lado, os hebreus consideram a vida como a soma total das obras de uma pessoa. Eles pensavam em termos muito práticos, e por isso a sabedoria não é determinada pelo que uma pessoa *sabe*, mas pelo que ela *faz*. Para modificar uma citação do filme *Forrest Gump*, "A sabedoria é o que a sabedoria faz". Similarmente, os autores hebreus definiam a vida como algo que uma pessoa decide *fazer* ou *tornar-se*. Como uma casa, uma vida é construída, obra após obra, dia após dia, resultando em algo a ser observado e examinado por gerações futuras.

Segundo o conselho de Salomão, o ser interior é a origem da vida que construímos, ao reagir a crises, tomar decisões, interagir com pessoas, e — o mais importante — nos comportarmos de maneira sensata. Como ele declarou antes: "O temor do Senhor é o princípio da ciência; os loucos desprezam a sabedoria e a instrução" (Pv 1.7). "Reconhece-o em todos os teus caminhos, e ele endireitará as tuas veredas" (3.6). Basicamente, então, este chamado, "Sobre tudo o que se deve guardar, guarda o teu coração" é lidar com a vontade de Deus — descobri-la e andar segundo ela.

Agora, vamos colocar juntas todas as peças de nossa investigação, e ver o que o versículo realmente diz. Uma paráfrase baseada no texto hebraico poderia ser:

Mais que todo o resto que deve ser cuidadosamente vigiado e protegido (como uma cidade ou um cofre no banco), proteja o seu ser interior — a sua mente, as suas emoções, o seu caráter, o seu discernimento — a sua mente, as suas emoções, o seu caráter, o seu discernimento — como uma sentinela, à porta, vigia uma cidade, em sua torre de vigia — porque essa é a origem de todas as decisões, reações e obras que representam a sua vida.

Leia isso novamente, desta vez, muito devagar.

Quando combinamos essa ideia com a verdade de Provérbios 3.6 — "Reconhece-o em todos os teus caminhos, e ele endireitará as tuas veredas" — começa a se formar uma imagem mais completa. Como uma sentinela em uma torre de vigia, devemos manter, do lado de fora, qualquer coisa que possa colocar em risco a fortaleza de nosso coração, e, por outro lado, abrir completamente a porta para o conhecimento de Deus — o conhecimento do seu caráter, dos seus valores, dos seus atributos, e da sua vontade. Segundo Salomão, não temos maior dever que conservar nosso coração em um estado perpétuo de prontidão, receptividade, pureza e sensibilidade.

Reflexões

Nos primeiros dias da programação de computadores, os engenheiros viviam segundo o lema: "Lixo entra, lixo sai". Eles reconheciam que a qualidade do processamento do computador depende de bons dados. Que tipo de informação o seu cérebro recebe durante uma semana típica? Quais são as fontes dessas influências? Essas vozes afirmam ou minam a verdade bíblica?

Dia 4: Provérbios 4
BOAS ORIENTAÇÕES

A esta altura, espero que Salomão já tenha motivado você o suficiente para proteger o seu coração de influências invasivas e prejudiciais e cultivar uma fome do conhecimento de Deus. A esperança é que nós possuímos discernimento adequado para distinguir entre informações úteis e prejudiciais. Se não possuímos ainda, um conhecimento mais profundo de Deus está prontamente disponível em sua Palavra. Se você está lendo estas páginas, provavelmente está lendo as Escrituras (pelo menos, é o que espero! Este livro não tem muito valor sem a Bíblia). Assim, continue fazendo um bom trabalho! Ao continuar a leitura das Escrituras, você conhecerá a mente de Deus mais profunda e mais consistentemente, e o seu discernimento refletirá a sua intimidade com o Todo-poderoso.

Supondo que possuímos discernimento razoável, Salomão nos diz como podemos proteger a fortaleza de nosso ser interior. Ele oferece três instruções práticas, usando a imagem de um viajante que viaja pelo mundo. Em resumo, ele diz o seguinte:

- Ignore falsas orientações (v. 24).
- Concentre-se no seu destino (v. 25).
- Permaneça no seu caminho (vv. 26,27).

A palavra *desvia* é a tradução de um verbo que quer dizer "dar as costas". O objeto do verbo é "a tortuosidade da boca", ou "a boca enganosa", e dá a ideia de algo sendo curvado ou torcido, perdendo a sua forma normal. Às vezes traduzida como "perversa" ou "deformada", esta palavra hebraica descreve a verdade curvada ou torcida. Salomão nos aconselha a evitarmos as pessoas que distorcem a verdade divina. Ele não se referia a meros mentirosos, mas tinha em mente falsos professores e influências perturbadoras. As suas mensagens parecem ser similares à verdade divina. Eles parecem ter bom senso, e até parecem ser convincentes, mas as suas orientações conduzem ao destino errado.

A tradução *alonga* deriva do verbo "remover". A palavra *perversidade* também traduz uma palavra hebraica que quer dizer "deturpado". *Lábios* é uma referência a "discurso", ou "palavras". A instrução é para que removamos de nosso ambiente qualquer influência que não esteja de acordo com as Escrituras, e devemos evitar qualquer pessoa que distorça a Palavra de Deus.

Usando o exemplo de uma viagem, Salomão supunha que nós teríamos um mapa preciso, ou um GPS perfeitamente confiável. (Eu ainda preciso encontrar um GPS perfeitamente confiável, mas vamos fingir que ele já existe, para efeito desta analogia). Ele disse, "Se alguém contradiz o seu mapa, ou sugere que você ignore o GPS, tire essa pessoa do seu carro e a deixe na próxima parada de ônibus. Além disso, ignore placas de trânsito não oficiais, ou feitas à mão".

Segundo este sábio conselho paterno, devemos manter nosso mapa de estradas à mão e consultá-lo frequentemente. É assim que conseguiremos discernir a diferença entre a verdade divina e as orientações deturpadas.

Reflexões

Obviamente, o mapa rodoviário metafórico é a Palavra de Deus, os sessenta e seis livros da Bíblia, e devemos dar ouvidos apenas a conselhos que estejam de acordo com o conteúdo das Escrituras. Quão bem você conhece a Bíblia? Com que frequência interage sozinho com as Escrituras? Quantos versículos sabe de memória? Se não está satisfeito com as suas respostas, converse com alguém de sua igreja a respeito de programas que possam ajudá-lo a desenvolver um conhecimento mais profundo da Palavra de Deus.

Dia 5: Provérbios 4

NAS ENTRELINHAS

Tendo nos convencido da importância de protegermos nossos corações, Salomão sugeriu três ações específicas para colocar isso em prática. Ontem, consideramos a primeira: devemos ignorar falsas orientações (v. 24). Como dissemos anteriormente, se alguém com quem você tem contato regularmente lhe dá alguma informação que contradiz o seu mapa ou GPS, deixe essa pessoa no próximo ponto de ônibus e não olhe para trás! Hoje, vamos continuar com o exemplo de viagem de Salomão, aprendendo como nos concentrar no nosso destino (v. 25) e como continuar no caminho (vv. 26,27).

De vez em quando, é divertido colocar uma mala no carro e simplesmente ir para onde a estrada levar você, aproveitando a liberdade de não ter nenhum destino particular. Normalmente, no entanto, sempre que você coloca a família no carro para uma viagem, tem um destino específico em mente, e uma razão importante para ir para lá. Se você for como eu, deverá planejar onde fará uma parada para passar a noite, e terá uma boa ideia de onde encontrar comida, combustível e banheiros. Antigamente, eu marcava o caminho em um mapa e destacava os pontos de interesse para a família Swindoll. Agora, é claro, um GPS cuida de todos esses detalhes.

A questão é que nós, crentes, temos um destino: a vontade revelada de Deus. E esse destino determina a rota que devemos seguir durante toda a vida. Ouça as palavras de incentivo de Salomão: "Conserve seus olhos na estrada" (v. 25) e "Não faça desvios" (vv. 26,27). Você protege a fortaleza do seu coração conhecendo o seu destino e conservando a sua atenção concentrada no seu destino. O mapa indica o caminho correto, para que, ao viajar, você fique "colado" ao seu itinerário. Deixe-me apresentar um exemplo real.

Um jovem concluiu o Ensino Médio, sonhando tornar-se um policial. Ele frequentou uma faculdade a várias horas de distância de sua casa, onde se matriculou para conseguir um diploma em justiça criminal. O seu primeiro ano, no entanto, o levou por um desvio de dois semestres, em festas e mentiras. Certa ocasião, alguém o desafiou a tirar uma placa de identificação de uma viatura policial, e levá-la como decoração para seu quarto. Ele não apenas aceitou o desafio, como iniciou uma coleção. Durante as semanas seguintes, conseguiu mais de vinte placas!

Então, aconteceu o inevitável. Uma inspeção de rotina nos quartos da residência universitária o levou à sua prisão. Durante a noite que passou na prisão, teve que enfrentar todo um esquadrão de policiais extremamente rancorosos. Os seus sonhos de se tornar um policial quase terminaram ali. As cidades não queriam contratar policiais que tivessem uma ficha policial. Felizmente, o juiz deu a esse jovem uma oportunidade de "limpar" a sua ficha, em troca de muitas horas de serviço comunitário. Ele conseguiu se formar e teve uma carreira ilustre como oficial. Isso foi uma graça para um jovem que tirou os seus olhos da estrada. Ele se esqueceu o seu destino, por um momento, e a sua tolice colocou a sua vocação em grave perigo.

Você tem um destino. Deus criou você com um propósito específico (Sl 139.13-16). Ele quer que você não apenas ande honesta e obedientemente, mas que cumpra o seu destino. Portanto, é essencial proteger o seu coração, conhecendo a Deus, pessoal e experimentalmente; discernindo a sua vontade revelada; eliminando todas as distrações que afastam você desse chamado; e andando, firme e constantemente, pelo caminho que Ele ordenou. Proteja a sua mente, e não se contente com nada menos que o melhor de Deus.

Reflexões

Qual é o propósito de Deus para a sua vida? Se o seu chamado é o seu destino, para onde você está indo? O que ameaça tirá-lo da estrada, ou conduzi-lo na direção errada? Qual será o seu próximo passo na direção correta?

Semana 6 • Provérbios 4, 6, 7, 22
A ENGRENAGEM DO ANALFABETISMO BÍBLICO

E ele ensinava-me e dizia-me: Retenha as minhas palavras no teu coração; guarda os meus mandamentos e vive.
(Pv 4.4)

Filho meu, guarda o mandamento de teu pai
e não deixes a lei de tua mãe.
Ata-os perpetuamente ao teu coração
e pendura-os ao teu pescoço.
Quando caminhares, isso te guiará;
quando te deitares, te guardará;
quando acordares, falará contigo.
Porque o mandamento é uma lâmpada,
e a lei, uma luz,
e as repreensões da correção são o caminho da vida.
(6.20-23)

Guarda os meus mandamentos e vive;
e a minha lei, como a menina dos teus olhos.
Ata-os aos teus dedos,
escreve-os na tábua do teu coração.
(7.2,3)

Inclina o teu ouvido, e ouve as palavras dos sábios,
e aplica o teu coração à minha ciência.
Porque é coisa suave, se as guardares no teu coração,
se as aplicares todas aos teus lábios.
(22.17,18)

Dia 1: Provérbios 4, 6, 7, 22

ONDE ESCONDER A BÍBLIA

Poucas coisas são mais óbvias e alarmantes, em nossos tempos, que o analfabetismo bíblico. Embora a mente humana consiga absorver uma enorme quantidade de informação, a preguiça mental continua sendo uma tendência escandalosa e inegável na cultura popular, e até mesmo na igreja. Um número cada vez menor de pessoas conhece até mesmo as noções mais básicas da Bíblia, e essa não era a situação, até aproximadamente cinquenta anos atrás.

Os Estados Unidos são, oficialmente, uma nação secular. De um ponto de vista histórico, no entanto, a América do Norte é muito cristã, em cultura e caráter. Os Pais Fundadores não eram todos cristãos professantes, e um número ainda menor deles afirmava a Bíblia como revelação divina inequívoca, mas praticamente todos eles conheciam bem as Escrituras, e uma perspectiva cristã formava a sua noção de governo. O conhecimento que tinham da Bíblia refletia a educação que haviam recebido quando crianças, que incluía o estudo das Escrituras. Nos anos 1960, no entanto, nós iniciamos uma dramática mudança de direção, rumo a uma sociedade pós-cristã, como ateus, em busca de uma nação verdadeiramente secular, desafiando qualquer tipo de expressão religiosa observada no setor público. Como resultado, a América do Norte é hoje muito mais secular, e a possibilidade das pessoas aprenderem sobre a Bíblia é cada vez menor do que era há cinquenta anos.

Não vou lhe aborrecer com um longo discurso lamentando a queda espiritual da América. Prefiro me concentrar nas boas-novas: existe uma solução. Embora não haja um remédio universal, que cure tudo de maneira rápida e fácil, e que elimine, repentinamente, a engrenagem do analfabetismo bíblico, eu realmente acredito que uma disciplina em particular, mais que qualquer outra, aliviará o peso. Quando comecei a levar a sério as coisas espirituais, esta foi a disciplina que mais me ajudou. Nenhuma decisão foi mais útil para mim que a de memorizar as Escrituras.

Quando era mais jovem, um dos primeiros versículos que aprendi vinha da antiga versão King James, a tradução mais comum da época. O versículo dizia: "Guardo no coração as tuas palavras, para não pecar contra ti" (Sl 119.11, na versão ARA). Uma tradução mais moderna aparece na New International Version: "Escondi a tua palavra no meu coração, para eu não pecar contra ti". A palavra *escondi* expressa a ideia de apreciar a Bíblia da mesma maneira como um avarento acumula medalhas de ouro, guardando-as em um cofre secreto.

Com o passar dos anos, acumulei versículos da Bíblia, armazenando-os em minha mente. Posso me lembrar de mais de uma ocasião em que a Palavra de Deus memorizada me salvou da tentação sexual. Era como se Deus inserisse uma sombra imaginária entre a outra pessoa e eu, e inscrevesse nela as palavras: "Não erreis: Deus não se deixa escarnecer; porque tudo o que o homem semear, isso também ceifará" (Gl 6.7). Eu havia memorizado esse versículo quando adolescente. Durante ocasiões em que senti profunda solidão, as passagens que eu havia memorizado me resgataram do poço da depressão. Versículos como Isaías 41.10 e 49.15,16, juntamente com Salmos 27.1 e 30.5, me trouxeram grande consolação.

Reflexões

Quando diante dos desafios e tentações inevitáveis da vida, que recursos você deixa preparados para ajudá-lo a vencer? Muitas crises espirituais acontecem sem aviso prévio. O que você faz para se preparar para esses ataques repentinos e inesperados?

Dia 2: Provérbios 4, 6, 7, 22

APROFUNDANDO-SE NAS ESCRITURAS

Ontem, enfatizei a importância de memorizar a Palavra de Deus e falei sobre como fazer isso me beneficiou, de maneira prática, durante os anos. A memorização, no entanto, é apenas uma de muitas maneiras de interagir com as Escrituras.

Em primeiro lugar, podemos *ouvir* as Escrituras. Este é o método mais simples, e menos difícil de aprender os preceitos e princípios da Bíblia. Há uma abundância de professores da Bíblia e pregadores confiáveis por todo o mundo. Há escolas e igrejas, programas confiáveis de rádio e TV, gravações em áudio e vídeo, e incontáveis recursos na internet que são especializados em instrução sobre as Escrituras. Exceto aqueles indivíduos que têm alguma deficiência auditiva, ninguém no mundo tem nenhuma desculpa para não ouvir a Palavra de Deus.

Em segundo lugar, podemos *ler* as Escrituras. Ouvir pode se tornar um encontro passivo com a Bíblia, mas a leitura requer um envolvimento mais pessoal — um maior investimento de energia — do que simplesmente ouvir instrução sobre as Escrituras. As pessoas que começam a levar a sério a sua maturidade espiritual comprarão uma cópia da Bíblia e começarão a ler. Várias versões, paráfrases e estilos podem ser encontrados nas prateleiras de praticamente todas as livrarias, e a internet oferece acesso gratuito a praticamente todas as traduções disponíveis em versão impressa. Para aproveitar ao máximo a leitura, você pode considerar uma Bíblia "para ler durante o ano todo": o seu plano de leitura guia o indivíduo por todos os sessenta e seis livros das Escrituras em 365 dias.

Em terceiro lugar, podemos *estudar* as Escrituras. Embora eu prefira ler uma Bíblia impressa, muitas pessoas descobriram o poder e a conveniência dos recursos da Bíblia eletrônica. Este tipo de estudo da Bíblia faz sentido, considerando que praticamente tudo o que fazemos envolve um computador. Alguns dos melhores programas levam a leitura da Bíblia a um nível completamente diferente, integrando o texto das Escrituras com *links* que nos direcionam a dicionários, mapas, enciclopédias, fotografias, diagramas e comentários. Um clique no mouse sobre uma palavra com que você não está familiarizado traz uma grande quantidade de informações à tela, e você pode facilmente perder uma boa parte de uma tarde descobrindo a origem e o significado de um único versículo. Combine esse tipo de estudo com um curso pela internet, ou com um dos muitos programas excelentes oferecidos nas igrejas, e um crente normal poderá ser preparado para enfrentar qualquer desafio espiritual.

Em quarto lugar, podemos *memorizar* as Escrituras. Como declarei ontem, memorizar os versículos da Bíblia é a melhor maneira de afastar pensamentos estranhos, ímpios, profanos e desmoralizantes! Com toda honestidade, não conheço nenhuma maneira mais eficaz de cultivar uma mentalidade bíblica e acelerar o crescimento espiritual que esta disciplina.

Em quinto lugar, podemos *meditar* sobre as Escrituras. Quando lemos, ouvimos e estudamos a Palavra de Deus, nossa mente se torna um reservatório da verdade bíblica. Podemos, então, pensar, ponderar, personalizar, e aplicar às nossas vidas essas verdades que escondemos em nossos corações. Em momentos de tranquila e silenciosa meditação, permitimos que a Palavra penetre em nossas células, fale conosco, nos repreenda, nos advirta, nos console e nos transforme. Você se lembra desses dois maravilhosos versículos, da Epístola aos Hebreus?

Porque a palavra de Deus é viva, e eficaz, e mais penetrante do que qualquer espada de dois gumes, e penetra até à divisão da alma, e do espírito, e das juntas e medulas, e é apta para discernir os pensamentos e intenções do coração. E não há criatura alguma encoberta diante dele; antes, todas as coisas estão nuas e patentes aos olhos daquele com quem temos de tratar. (4.12,13)

Reflexões

Considere estas atividades que promovem o conhecimento das Escrituras, e estime o número de minutos que você dedica a cada uma delas, em uma semana típica.

Ouvir _____
Ler _____
Estudar _____
Memorizar _____
Meditar _____

Dia 3: Provérbios 4, 6, 7, 22

ESFORCE-SE PARA MEMORIZAR

Salomão ofereceu várias perspectivas sobre a importância de colocar a Palavra de Deus no centro de nossas vidas. Vamos começar com Provérbios 4.4, em que o sábio rei relembra a instrução de Davi, seu próprio pai:

E ele ensinava-me e dizia-me: Retenha as minhas palavras o teu coração; guarda os meus mandamentos e vive.

Note a palavra *retenha*. No texto hebraico, a palavra traduzida como *retenha* significa "agarrar, apreender, segurar firmemente". É o verbo *tamak*, a mesma palavra encontrada na declaração de Isaías 41.10 a respeito da promessa de Deus ao povo do seu concerto:

Não temas, porque eu sou contigo;
não te assombres, porque eu sou o teu Deus;
eu te esforço, e te ajudo,
e te sustento com a destra da minha justiça.

A palavra *sustento* é uma tradução do mesmo verbo, *tamak*. Esta palavra hebraica aparece, muito frequentemente, nestes dois contextos: o povo de Deus apreendendo a sabedoria bíblica (Pv 3.18; 4.4) e Deus sustentando o seu povo. O conhecimento das Escrituras ajuda você a participar de um relacionamento recíproco em que consegue se apegar com confiança à Bíblia e Deus o sustenta em meio às dificuldades. Quando a Palavra de Deus o segura, ela realmente o sustenta!

Considere também este conselho paterno de Salomão:

Filho meu, guarda o mandamento de teu pai
e não deixes a lei de tua mãe.
Ata-os perpetuamente ao teu coração
e pendura-os ao teu pescoço.
Quando caminhares, isso te guiará;
quando te deitares, te guardará;
quando acordares, falará contigo.
Porque o mandamento é uma lâmpada,
e a lei, uma luz,
e as repreensões da correção são o caminho da vida.
(Pv 6.20-23)

Volte, e localize *atar* e *pendurar*. A imagem lembra as instruções que Deus deu a Israel, na sua entrada em Canaã. Depois de ordenar que o seu povo o amasse "de todo o teu coração, e de toda a tua alma, e de todo o teu poder" (Dt 6.4,5), Deus disse isto:

E estas palavras que hoje te ordeno estarão no teu coração; e as intimarás a teus filhos e delas falarás assentado em tua casa, e andando pelo caminho, e deitando-te, e levantando-te. Também as atarás por sinal na tua mão, e te serão por testeiras entre os teus olhos. E as escreverás nos umbrais de tua casa e nas tuas portas. (6.6-9)

O povo do concerto levava essas palavras tão a sério, que fazia pequenas bolsas de couro, chamadas filactérios, colocavam em seu interior cópias de importantes passagens das Escrituras, e literalmente atavam essas pequenas bolsas à mão direita e à testa. Os judeus fiéis fazem isso nas cerimônias importantes até hoje. Os hebreus também prendem mezuzás aos batentes de suas portas. Esses pequenos cilindros metálicos também contêm, em seu interior, importantes passagens das Escrituras, manuscritas, em pequenas tiras de papel.

Embora não haja nada de errado com essas tradições — Cynthia e eu colocamos uma mezuzá junto à nossa porta de entrada — o que o Senhor está dizendo é mais prático. Ele quer que a sua Palavra permeie cada casa, e penetre em cada coração. Ele quer que a nossa cultura e o nosso modo de vida girem em torno das Escrituras. É muito bom ter devoções familiares, mas é ainda melhor fazer com que a Bíblia seja um tema de conversa tão comum como o clima, os esportes, as notícias diárias, eventos públicos ou acontecimentos na vizinhança.

Reflexões

Se você quer fazer das Escrituras uma parte mais natural da cultura de sua casa, a transformação deve começar com você, independentemente da sua posição na família. Assim, não conte a ninguém, mas faça esta experiência: No próximo mês, dedique quinze minutos, a cada dia, para ler dez a vinte versículos das Escrituras, e então, silenciosamente, pense sobre eles. Faça um registro dos comentários que as pessoas fizerem a respeito das mudanças que perceberam em você.

Dia 4: Provérbios 4, 6, 7, 22

A Tábua da sua Mente

Salomão reconhecia uma trágica verdade a respeito da humanidade: nós desejamos, desesperadamente, fazer as coisas à nossa própria maneira, e detestamos que nos digam o que temos que fazer. Como escreveu o profeta Isaías: "Todos nós andamos desgarrados como ovelhas; cada um se desviava pelo seu caminho" (Is 53.6). Assim, Salomão incentivou seus filhos para que evitassem os erros que ele havia cometido, encorajando-os a dar ouvidos à Palavra de Deus e fazer, da obediência, um hábito para a vida inteira.

> Guarda os meus mandamentos e vive;
> e a minha lei, como a menina dos teus olhos.
> Ata-os aos teus dedos,
> escreve-os na tábua do teu coração. (Pv 7.2,3)

Embora eu encoraje a leitura e o estudo regular da Bíblia, não posso enfatizar o suficiente a importância da memorização de passagens das Escrituras. A memorização prende as verdades de Deus à sua alma. A palavra traduzida como "atar" significa, na verdade, "amarrar, prender uma coisa a outra". Frequentemente é traduzida como "conspirar". A nossa palavra *correlacionar* também é adequada. As Escrituras se correlacionam muito melhor quando as armazenamos. Nós somos mais capazes de entender e aceitar a vida quando determinadas passagens das Escrituras estão em nossas cabeças.

Não há versículos que encorajem, mais claramente, a memorização de passagens das Escrituras, que esses de Provérbios 7. Quando escrevemos alguma coisa, não abreviamos nem confundimos a questão. Ao contrário: esclarecemos ideias, quando as escrevemos. O nosso Senhor disse: "Escreve-os [os meus mandamentos e os meus ensinamentos] na tábua do teu coração". Não seja relaxado nem incompleto no seu trabalho de memorização. É essencial que sejamos exatos e minuciosos na memorização. Sem esta atenção aos detalhes, a nossa confiança desaparece. Sempre penso em ser minucioso na memorização das Escrituras da mesma maneira como planejo um voo. Cada número (voo, assento, porta de embarque), bem como o horário da decolagem, é necessário e importante. Leve a informação errada à memória, e não acabará no lugar onde esperava!

> Inclina o teu ouvido, e ouve as palavras dos sábios,
> e aplica o teu coração à minha ciência.
> Porque é coisa suave, se as guardares no teu coração,
> se as aplicares todas aos teus lábios. (Pv 22.17,18)

Amo esses dois versículos. Eles me encorajam constantemente a continuar nesta disciplina! A ideia de "aplicar" a Palavra de Deus "aos [nossos] lábios" deve nos convencer da importância de manter essa disciplina. Repito, nada afastará o analfabetismo bíblico como a memorização das Escrituras.

Reflexões

Pense em alguma coisa que você memorizou anteriormente, na sua vida, e ainda consegue recitar. Quais outras lembranças você associa a esta lembrança? Como isso influenciou você, durante os anos? Que efeito você supõe que os versículos memorizados das Escrituras terão sobre o seu processo de pensamento?

Dia 5: Provérbios 4, 6, 7, 22
A MEMORIZAÇÃO TORNANDO-SE REAL

*N*o passado, antes que a imprensa e a internet deixassem a informação tão imediatamente disponível, as pessoas memorizavam — precisamente, palavra a palavra — qualquer coisa que considerassem útil. Com a grande produção de livros, a memorização declinou. Hoje em dia, com a internet no bolso de todos, a disciplina de memorização praticamente morreu. Ainda assim, o cérebro humano é uma criação maravilhosa, ainda capaz de armazenar passagens importantes da verdade divina. Por isso, vou concluir a discussão desta semana com três sugestões práticas, que me ajudaram no meu próprio programa para memorização das Escrituras.

Em primeiro lugar, é melhor aprender alguns versículos com perfeição do que aprender muitos versículos de uma maneira ruim. Aprenda a passagem do livro (o nome, o capítulo e o versículo) tão bem quanto as palavras, exatamente como aparecem na sua Bíblia. Não passe para outro versículo até que você consiga dizer, perfeitamente, o versículo em que esteve trabalhando — sem sequer dar uma olhadinha à Bíblia.

Em segundo lugar, revise frequentemente. A memorização tem apenas um grande segredo — a repetição. O cérebro está projetado para programar habilidades e lembranças, quando praticamos, regularmente, essas habilidades e revisamos essas lembranças. Pense em uma habilidade que você adquiriu há muitos anos, como dirigir um automóvel. Depois de anos usando regularmente essa habilidade, você não precisa mais pensar em tudo o que está fazendo, quando está atrás do volante;

dirigir se tornou uma função natural, quase inconsciente, do seu corpo. Com a constante repetição, a capacidade de recitar um versículo se tornará igualmente natural.

Em terceiro lugar, use o versículo que você memorizar. O propósito da memorização é prático, e não meramente acadêmico. Quem se importa se você consegue recitar uma dúzia de versículos a respeito da tentação, se você é vítima dela, regularmente? Use os versículos memorizados na oração, em conversas com pessoas, na correspondência, e, certamente, no seu ensinamento. Use os seus versículos memorizados com seus filhos ou com seu cônjuge. Deus abençoará a sua vida, e a deles, quando virem a Palavra provocando o melhor em você. Isaías 55.10,11 promete:

> Porque, assim como descem a chuva e a neve dos céus
> e para lá não tornam, mas regam a terra
> e a fazem produzir, e brotar,
> e dar semente ao semeador, e pão ao que come,
> assim será a palavra que sair da minha boca;
> ela não voltará para mim vazia;
> antes, fará o que me apraz
> e prosperará naquilo para que a enviei.

Reflexões

Você está preso na engrenagem do analfabetismo bíblico? A memorização de passagens das Escrituras é um bom ponto de partida. Acredite em mim: você jamais lamentará o tempo que investir para esconder a Palavra de Deus no seu coração.

Semana 7 • Provérbios 12, 14, 16, 18–20

A Engrenagem de um Coração Perturbado

*Engano há no coração dos que maquinam mal,
mas alegria têm os que aconselham a paz.*
(Pv 12.20)

*A solicitude no coração do homem o abate,
mas uma boa palavra o alegra.*
(12.25)

*Até no riso terá dor o coração,
e o fim da alegria é tristeza.
Dos seus caminhos se fartará o infiel de coração,
mas o homem bom se fartará de si mesmo.*
(14.13,14)

*Abominação é para o Senhor todo altivo de coração;
ainda que ele junte mão à mão, não ficará impune.*
(16.5)

*O coração do sábio instrui a sua boca
e acrescenta doutrina aos seus lábios.
Favo de mel são as palavras suaves:
doces para a alma e saúde para os ossos.*
(16.23,24)
*Antes de ser quebrantado, eleva-se o coração do homem;
e, diante da honra, vai a humildade.*
(18.12)

*A estultícia do homem perverterá o seu caminho,
e o seu coração se irará contra o Senhor.*
(19.3)

*Como águas profundas é o conselho no coração do homem;
mas o homem de inteligência o tirará para fora.*
(20.5)

Dia 1: Provérbios 12, 14, 16, 18-20

Conselheiros de Shalom

Uma das principais causas de morte em nosso mundo são problemas de coração. Não me refiro a ataques cardíacos ou a insuficiência cardíaca; quero dizer que praticamente todo mundo suporta a engrenagem diária de um coração perturbado, que, frequentemente se apresenta como uma ansiedade prolongada e uma depressão de pouca intensidade. Cada vez mais, as pessoas sentem uma incessante agitação interior, caracterizada por descontentamento, insegurança, dúvida, inquietação e incerteza. Um coração perturbado não tem paz, e luta para encontrar segurança. Um remédio para um coração perturbado é um amigo que possa oferecer conselhos.

Salomão entendeu a importância da comunidade quando as provações da vida começam a nos custar caro. Quando começamos a sentir pena de nós mesmos, as soluções profanas para os nossos problemas parecem mais atraentes, e os descontentamentos aparecem. O sábio adverte que a mentira está em seus corações e que eles aconselham o mal como um remédio para as dificuldades da vida. Em vez disso, ele nos incentiva a buscar "os que aconselham a paz". A palavra traduzida como "paz", no entanto, descreve muito mais que a mera "liberdade da perturbação ou pensamentos inquietantes".

A palavra hebraica é *shalom*, que combina as ideias de paz, prosperidade, riqueza, saúde, perfeição, segurança, e — o mais importante — o descanso no cuidado soberano de Deus. É uma palavra do "Reino de Deus". Ela permanece como a esperança suprema dos judeus, que esperam uma qualidade de *shalom* disponível apenas pelo governo do Messias.

Segundo Salomão, devemos buscar conselheiros que pensem e falem em conformidade com a mente de Deus. Eles não oferecem meramente uma conversa estimulante, nem buscam nos alegrar com humor. Em vez disso, essas pessoas de Deus oferecem esperança e encorajam respostas piedosas às dificuldades da vida. Se dermos ouvido aos seus conselhos, a alegria substituirá a nossa ansiedade e depressão.

Reflexões

Quem é a pessoa a quem você recorre, quando o seu coração perturbado precisa de *shalom*? O que este "que aconselha a paz" diz ou faz para propiciar uma perspectiva útil?

Dia 2: Provérbios 12, 14, 16, 18-20

ÁGUAS PROFUNDAS

Quem quer que tenha apelidado a nossa era de "A era da aspirina" não errou muito. Nós vivemos em uma época em que um grande número da população do mundo usa remédios para aliviar o sofrimento. Segundo um artigo de 2011, o número de receitas para o tratamento de depressão aumentou em 30%, entre 1996 e 2007, *entre pacientes sem diagnóstico psiquiátrico*.[3] Porém, para as multidões que estão buscando paz interior, a medicina não consegue aliviar completamente a profunda dor emocional de um coração perturbado.

É necessário um amigo que esteja a par de nossas dificuldades, e são poucos e preciosos os que sequer têm ciência das dificuldades de outras pessoas.

A importância de ser sensível às necessidades das pessoas à nossa volta não pode ser exagerada. Ainda que você não esteja impregnado de conhecimento bíblico, deve perceber que Deus pode usá-lo, eficazmente, como conselheiro, amigo e ouvinte interessado, simplesmente porque você conhece o Senhor Jesus Cristo! Naturalmente, quanto mais profundo o seu conhecimento da sua Palavra, mais agudo o seu discernimento, e mais sábio será o seu conselho. Os conselheiros de Jó, por exemplo, lidaram com ele de uma maneira terrível e falaram de maneira insensata. (Você pode dedicar algum tempo para ler Jó 13.3,4; 16.2; 21.34.)

Salomão, no entanto, elogiou a importância de um conselheiro sábio:

> Como águas profundas é o conselho no coração do homem;
> mas o homem de inteligência o tirará para fora. (20.5)

Os pensamentos e os motivos de uma pessoa estão no fundo, e *fundo*, neste sentido, não quer dizer "profundo". Pense em um poço ou cisterna profunda, em que alcançar a água requer esforço especial e muita energia. Da mesma maneira, alcançar os pensamentos e motivos no fundo de um coração perturbado requer esforço especial e muita energia; mas um amigo sábio, com discernimento e conhecimento, pode nos ajudar a colocar os nossos sentimentos em foco e assim poderemos examiná-los honestamente. Como observou um experiente conselheiro: "A questão nunca é a questão". Nós *pensamos* que entendemos os nossos próprios pensamentos e motivos, mas, muito frequentemente, somos conduzidos por forças internas que não entendemos plenamente.

Em algum momento determinado, podemos precisar de alguém que nos ajude a examinar o nosso ser interior, ou nós mesmos estaremos em posição de ajudar alguém a fazer o mesmo. Pessoalmente, acredito que foi exatamente isso o que Paulo tinha em mente, quando escreveu: "Levai as cargas uns dos outros e assim cumprireis a lei de Cristo" (Gl 6.2).

Reflexões

Quem lhe oferece uma perspectiva útil, quando você fica ansioso ou deprimido? Quais hábitos ou disciplinas essa pessoa pratica, que a tornam sábia? Como você pode se tornar mais parecido com essa pessoa?

Dia 3: Provérbios 12, 14, 16, 18-20

TRÊS CORAÇÕES

Embora seja comum a engrenagem diária de um coração perturbado, frequentemente pensamos que somos as únicas pessoas que estão lidando com o desencorajamento, a ansiedade, a dúvida e o desapontamento. Não é assim! Isso está à nossa volta. Como descrevi anteriormente, bate um coração perturbado dentro de cada peito, e os tipos de dificuldade são muitos. Encontro nada menos que seis tipos especificados nos textos de Salomão. Comentaremos três hoje, e três amanhã.

1. Um coração enganoso
Engano há no coração dos que maquinam mal. (12.20)

A palavra traduzida como "engano" descreve alguém que engana ou desencaminha outra pessoa, para que aja baseada em uma ideia falsa. Esta mentira pode ser deliberada ou simplesmente o resultado de um tolo guiar outro. As pessoas que "maquinam mal" raramente se julgam desonestas ou corruptas. Elas usam a mentira — e começam mentindo a si mesmas — para racionalizar seus maus atos como sendo bons, frequentemente usando um argumento como "o fim justifica os meios".

Um simpatizante com o comunismo tentou, certa vez, essa abordagem com o autor romeno Panait Istrati. Admitindo que a Rússia de Stalin era, realmente, culpada de opressão e perseguição, ele disse: "Não se pode preparar uma omelete sem quebrar ovos". Panait exclamou: "Tudo bem, consigo ver os ovos quebrados. Onde está essa sua omelete"?[4]

Cuidado com a tendência de racionalizar o comportamento quando as coisas ficam difíceis — e sempre conserve as pessoas que "maquinam mal" fora do seu círculo mais íntimo.

2. Um coração abatido
A solicitude no coração do homem o abate, mas uma boa palavra o alegra. (12.25)

O verbo hebraico a partir do qual a palavra "solicitude" é traduzida significa, literalmente, "preocupação, temor, tristeza, pesar". Isto descreve a perturbação interior de alguém que se preocupa profundamente com algo que essa pessoa nada pode fazer para mudar. Em hebraico, a palavra *abater* significa o mesmo que no nosso idioma: indica extrema seriedade.

Nós comentamos, anteriormente, como o conselho sábio de alguém que "aconselha a paz" traz alegria. Uma palavra gentil e solidária de encorajamento tem a capacidade de tirar o peso da ansiedade, ou solicitude, dos ombros de alguém, em meio a uma grave crise. Palavras encorajadoras podem não solucionar o problema, mas o alívio temporário ajuda a pessoa desencorajada a suportar um pouco mais a dificuldade.

3. Um coração angustiado
Até no riso terá dor o coração, e o fim da alegria é tristeza. (14.13)

Temos um ditado, na parte sul dos Estados Unidos: "Às vezes, você tem que rir para não chorar". Às vezes, as perdas na vida lhe reduzem ao "fundo do poço", e você precisa de toda a sua energia para atravessar o dia. Da mesma maneira como o sol que penetra em meio às folhas de uma densa floresta, o riso oferece um breve alívio para os longos dias de tristeza. Nesses períodos, precisamos de alguém que nos lembre de que isto também vai passar.

Reflexões

Os problemas de coração podem ser crônicos ou o resultado de circunstâncias temporárias. Dos três tipos de coração perturbado que comentamos hoje, com qual você mais se identifica? Por quê? O que você teria desejado de um amigo sábio, durante esse período?

Dia 4: Provérbios 12, 14, 16, 18-20

MAIS TRÊS CORAÇÕES

Salomão abordou nada menos que seis tipos de coração perturbado, em suas frases de sabedoria. Ontem, tratamos de três:

- O coração enganoso — pessoas que buscam a injustiça e encobrem suas pegadas, enganando a si mesmas e aos outros.

- O coração abatido — às vezes, as dificuldades consomem todos os pensamentos de uma pessoa, e sugam toda a sua força emocional.

- O coração angustiado — as pessoas sob profunda dor emocional, que sofrem uma perda ou suportam amargas circunstâncias, precisam de toda a sua força simplesmente para chegar ao fim do dia.

Hoje, vamos examinar mais três corações perturbados.

4. Um coração apóstata (carnalidade)

Dos seus caminhos se fartará o infiel de coração, mas o homem bom se fartará de si mesmo. (14.14)

A palavra hebraica traduzida como "infiel" expressa as ideias de "afastar-se" e "deteriorar". O sábio usou esta expressão, porque entendia que os seres humanos são orientados em direção a Deus, submetendo-se à sua vontade e ao seu caminho, ou se afastam de Deus e buscam a sua própria agenda. Mas os apóstatas colherão o que plantam; não receberão nada além do que possam conseguir, sem os dons da graça de Deus, e suportarão as consequências de seus interesses egoístas.

5. Um coração soberbo

Abominação é para o Senhor todo altivo de coração; ainda que ele junte mão à mão, não ficará impune. (16.5)

Antes de ser quebrantado, eleva-se o coração do homem; e, diante da honra, vai a humildade. (18.12)

O adjetivo hebraico traduzido como "altivo" e "elevado" quer dizer "alto, exaltado", normalmente "pertencente a uma visão exaltada de si mesmo, uma visão que é imprópria, e, portanto, uma falha moral".[5] Deus detesta a exaltação própria de um pecador. É algo repulsivo para o seu caráter justo. Além disso, é uma visão patética, como observar um corpo decadente tentando vencer um concurso de beleza.

A humildade, por outro lado, escolhe o lugar humilde, em vez de buscar honra. O humilde é honesto consigo mesmo e gentil com os outros. Quando escolhemos a humildade, Deus se alegra em derramar honras imerecidas sobre nós.

6. Um coração irado

A estultícia do homem perverterá o seu caminho, e o seu coração se irará contra o Senhor. (19.3)

O idioma hebraico tem várias palavras para "tolo". A palavra particular aqui usada não se refere ao pior tipo de tolo, que busca o mal deliberada e intencionalmente; este tolo é um imbecil entorpecido que não tem o bom senso para fazer o que é correto, que sofre as consequências de seus maus atos, e então se pergunta por que Deus não soluciona os seus problemas. Este tolo "se ira" contra Deus. A palavra hebraica retrata uma tempestade vigorosa, que agita o mar.

Algumas pessoas permanecem perpetuamente iradas e deprimidas, porque a sua própria tolice as conserva em uma tempestade de perpétuos problemas.

Reflexões

Está claro que estes três últimos tipos de coração perturbado estão longe de ser lisonjeiros. Ainda assim, são comuns a todos nós, até certo ponto, em uma ocasião ou outra. Qual deles você mais lutou para vencer? Quais foram as circunstâncias? Como você encontrou uma cura?

Dia 5: Provérbios 12, 14, 16, 18-20

A Escolha de Abençoar

Não se sabe quantas pessoas vivem com problemas cardíacos não diagnosticados, mas a frequência de mortes súbitas por ataque cardíaco sugere que sejam milhões. É difícil tratar um problema — físico, emocional ou espiritual — que você não sabe que existe. Talvez pergunte a si mesmo como pode detectar os problemas espirituais do coração. Provérbios 20.11,12 sugere uma abordagem razoável:

> Até a criança se dará a conhecer pelas suas ações, se a sua obra for pura e reta. O ouvido que ouve e o olho que vê, o Senhor os fez a ambos.

Como você pode perceber, o Senhor nos deu ouvidos que ouvem, e olhos que veem. Sugiro que você os use! Abra os olhos! Ouça com atenção! Observe a pessoa com quem você fala! Seja sensível! Fazer isso, é claro, implica que você fale muito pouco, especialmente durante o contato inicial.

Tão importante como ficar do lado de outros que sofrem é buscar análises e comentários de conselheiros de confiança. Peça que eles observem e ouçam, e então ofereçam comentários úteis. Diga-lhes que você quer, sinceramente, que ajudem você a identificar os seus pontos cegos.

Agora, considere Provérbios 16.23,24:

O coração do sábio instrui a sua boca e acrescenta doutrina aos seus lábios. Favo de mel são as palavras suaves: doces para a alma e saúde para os ossos.

Deus se alegra quando decidimos permitir que Ele controle o que dizemos, e use as nossas palavras para encorajar e edificar as pessoas que sofrem ao nosso redor. Considere a promessa que Deus fez a Moisés, em Êxodo 4.12: "Vai, pois, agora, e eu serei com a tua boca e te ensinarei o que hás de falar". Confie nessa promessa. Quem sabe? Deus pode desejar usar você na vida de alguém que não parece conseguir ir além da engrenagem de um coração perturbado.

Reflexões

Independentemente de qual é a condição do seu coração, dedique tempo para parar, olhar e ouvir outras pessoas.

Pare o suficiente para orar. Peça a Deus a sua sabedoria, para ver além da engrenagem... para perceber que você não está sozinho em suas dificuldades... para ter uma sensação renovada de paz.

Olhe à sua volta. Esteja ciente do círculo de amigos e conhecidos que é maior que o seu próprio mundo pessoal. Seja sensível. Distinga a agitação em outras pessoas... até mesmo em seus amigos.

Ouça. Em vez de montar uma barragem de mísseis verbais, faça perguntas, busque informações, e ouça. Ouça os outros, paciente e graciosamente. Quando as suas palavras são poucas, tornam-se mais valiosas.

Semana 8 • Provérbios 6, 15

A Engrenagem de uma Língua Descontrolada (Parte 1)

Estas seis coisas aborrece o Senhor,
e a sétima a sua alma abomina:
olhos altivos, e língua mentirosa,
e mãos que derramam sangue inocente,
e coração que maquina pensamentos viciosos,
e pés que se apressam a correr para o mal,
e testemunha falsa que profere mentiras,
e o que semeia contendas entre irmãos.
(Pv 6.16-19)

A língua dos sábios adorna a sabedoria, mas a boca dos tolos derrama a estultícia.
(15.2)

Os lábios dos sábios derramarão o conhecimento, mas o coração dos tolos não fará assim.
(15.7)

Dia 1: Provérbios 6, 15

A Parte mais Perigosa

Salomão tinha muito a dizer a respeito do que dizemos. Na verdade, *língua, boca, lábios* e *palavras* aparecem aproximadamente 150 vezes no livro de Provérbios. Em média, uma referência à fala aparece cinco vezes em cada um dos trinta e um capítulos. Isso me parece um assunto mencionado que frequentemente exige uma atenção adicional no nosso exame do livro de Provérbios. Por isso, vamos dedicar duas semanas ao tema dos usos sábios da língua.

Uma declaração chave sobre o tema aparece em Provérbios 15.2:

A língua dos sábios adorna a sabedoria, mas a boca dos tolos derrama a estultícia.

Você pode reconhecer que esta é uma copla contrastiva: ela menciona "os sábios" em contraste com os "tolos". Curiosamente, os dois tipos de pessoas se revelam aos outros pela maneira como usam suas línguas. Você e eu percebemos, naturalmente, que o problema não está na boca, mas no coração — a pessoa, lá no fundo de nós. Jesus ensinou, "O homem bom, do bom tesouro do seu coração, tira o bem, e o homem mau, do mau tesouro do seu coração, tira o mal, porque da abundância do seu coração fala a boca" (Lc 6.45). Da mesma maneira como um balde extrai água de um poço, também a língua mergulha e extrai o que quer que esteja enchendo o coração. Se a fonte está limpa, isso é o que a língua transmite. Se está contaminada, a língua evidenciará isso.

Reflexões

Na semana passada, sugeri que passássemos mais tempos observando, e menos tempo reagindo. Continuo a encorajar você a observar e — considerando o tema de hoje —fazer da audição o seu foco. Além disso, ao observar o que os outros dizem a você, e o que dizem uns aos outros, tome notas, mentalmente, sobre o que as palavras deles revelam sobre seus corações.

Dia 2: Provérbios 6, 15
PALAVRAS QUE FEREM

*D*edique alguns momentos para rever Provérbios 15.2, que usaremos como nosso esquema, em nossa discussão sobre o uso destrutivo da língua. Na próxima semana, vamos nos concentrar nos usos construtivos da língua.

Nunca conheci ninguém que não tenha, em nenhuma ocasião, lutado para manter a sua língua sob controle. Por sermos criaturas caídas, pecadoras, egoístas, usamos naturalmente palavras que servem a nossos próprios interesses — frequentemente, à custa dos outros. E, naturalmente, todos nós já sofremos as feridas produzidas pelas farpas verbais dos outros. Ao ler os dizeres de Salomão, encontro, pelo menos, cinco maneiras prejudiciais pelas quais uma língua incontrolada revela um coração doente pelo pecado. Se esta questão de uma língua descontrolada é uma de suas engrenagens diárias, encorajo você a prestar muita atenção.

1. Adulação enganosa

Suave é ao homem o pão da mentira, mas, depois, a sua boca se encherá de pedrinhas de areia. (20.17)

O que repreende ao homem achará depois mais favor
do que aquele que lisonjeia com a língua. (28.23)

O que é a lisonja? Nada além de elogios não sinceros, proferidos com motivos enganosos. É um louvor excessivo, verbalizado com a esperança de obter a benevolência ou o favor de uma pessoa. A diferença entre a afirmação e a lisonja está no motivo. Se esperarmos dizer algo a outra pessoa que acabará nos beneficiando, isso é lisonja (também conhecida como "bajulação). Mas se falarmos visando o benefício do ouvinte, poderemos afirmar ou repreender, conforme aquilo que a situação exigir.

2. Mexericos e calúnias

O homem de Belial, o homem vicioso,
anda em perversidade de boca.
Acena com os olhos,
fala com os pés, faz sinais com os dedos.
Perversidade há no seu coração;
todo o tempo maquina mal; anda semeando contendas. (6.12-14)
O que encobre o ódio tem lábios falsos,
e o que difama é um insensato. (10.18)

A boca do tolo é a sua própria destruição,
e os seus lábios, um laço para a sua alma.

As palavras do linguareiro são como doces bocados,
e elas descem ao íntimo do ventre. (18.7,8)

Quem já não foi ferido pela língua meneante de um mexerico? Com mexerico, quero dizer qualquer declaração que faça com que as pessoas se dividam em facções ou grupos. Normalmente, essas palavras diminuem a pessoa que é vítima delas, aos olhos de outras pessoas. O mexerico quase sempre transmite informações falsas ou exageradas, por maldade. Nas Escrituras, Deus reserva algumas de suas mais duras repreensões aos mexeriqueiros. Ele abomina esse pecado.

Quando você receber informações que podem difamar ou prejudicar outra pessoa, considere estas perguntas e respostas:

Esta informação lhe envolve ou lhe afeta diretamente? Caso negativo, faça com que a cadeia do mexerico termine em você. Caso contrário, discuta a questão apenas com a pessoa diretamente envolvida.

Qual é o motivo da pessoa que transmitiu essa informação?

Se não for amor, repreenda esse indivíduo, ou afaste-se da conversa. Se o motivo for amor mal orientado, ofereça-se para facilitar uma conversa construtiva entre mexeriqueiro e vítima.

Reflexões

Ao continuar a se concentrar em ouvir as pessoas à sua volta, tome nota de quaisquer mensagens que se qualifiquem como mexerico. Examine a sua reação inicial e o motivo por que você reagiu dessa maneira.

Dia 3: Provérbios 6,15

PALAVRAS VENENOSAS

Ontem, examinamos dois tipos de discurso destrutivo que tem por objetivo alcançar segundas intenções. Quando lisonjeamos alguém, enganamos essa pessoa, para obter alguma vantagem. Quando transmitimos mexericos, diminuímos a pessoa alvo dos mexericos aos olhos de outras pessoas. Ambas as situações envolvem mentiras e enganos. Hoje, vamos considerar o confronto destrutivo. Embora seja direto e aberto, diferentemente dos métodos covardes da adulação e do mexerico, o efeito, ainda assim, é prejudicial.

3. Discussões, disputas, e palavras iradas

Dedique, agora, algum tempo para ler Provérbios 14.16,17; 15.4; 17.14; 18.6; 25.15; 29.11. Você também se beneficiará de um exame atento das seguintes passagens:

> Não acompanhes o iracundo,
> nem andes com o homem colérico,
> para que não aprendas as suas veredas
> e tomes um laço para a tua alma. (22.24,25)

> O homem iracundo levanta contendas;
> e o furioso multiplica as transgressões. (29.22)

Por *discussões* e *disputas* eu não me refiro à expressão de opiniões divergentes ou até mesmo confronto construtivo. O pensamento inteligente e desprotegido, e a conversa aberta devem deixar espaço para que todos se expressem livremente e sem temor. Naturalmente, isto levará à ocasional diferença de opiniões. As discussões e disputas, no entanto, têm a que com atitudes negativas, como obstinação e rigidez.

A frase em Provérbios 22.24 traduzida como "o iracundo" diz, literalmente, "Não tenha amizade com um irado", ou "Não seja amigo do dono da ira", ou ainda, "Não seja amigo de um senhor da ira". O adjetivo traduzido como "colérico" sugere uma panela com veneno fervente. Este tipo de pessoa reage a praticamente todas as experiências negativas com veneno, porque permanece irada com todos e com tudo. Como ira gera mais ira, as contendas seguem esta pessoa, como uma nuvem negra. O sábio adverte que este tipo de ira pode ser uma característica adquirida. Associe-se com uma pessoa que habitualmente é irada, e logo você se tornará como ela.

Dito isto, devemos reconhecer a ira como uma reação natural e saudável, quando alguém nos prejudica ou ofende. Em nenhuma parte, Deus condena a ira como um pecado, em si mesma. Ele adverte que a ira *não resolvida* pode levar a transgressão (29.22) e pode dar a Satanás uma oportunidade de destruir relacionamentos (Ef 4.26,27). Portanto, Deus nos incentiva a confrontar diretamente os que nos ofendem, para resolver a questão cara a cara, e de uma vez por todas. Se essa pessoa pedir desculpas, "ganhaste a teu irmão" (Mt 18.15). Se depois de vários esforços para a reconciliação o pedido de desculpas não acontecer, você poderá ter que "passar sobre a transgressão", ou ignorá-la (Pv 19.11; Ef 4.32; Cl 3.13). Seja como for, a ira não deve ter espaço no coração de uma pessoa. Ela se enraizará e dominará seu hospedeiro, transformando-o em um "senhor da ira".

Reflexões

Há alguma disputa não resolvida que mantém você, mental e emocionalmente, em conflito com alguém? Você já tentou solucionar esse problema em uma conversa calma, particular e cara a cara? Se não, poderia considerar a possibilidade de envolver uma terceira pessoa, neutra, que ajudará a organizar um confronto construtivo. Se todos os seus esforços para solucionar a questão falharam, deve deixá-la nas mãos de Deus e submeter-se, em oração, à sua orientação.

Dia 4: Provérbios 6, 15

AUTOPROMOÇÃO

À medida que você der continuidade a uma audição atenta esta semana, mantenha seus ouvidos abertos para outro tipo de discurso ofensivo e improdutivo. Isso pode parecer um problema de menor importância, mas, eu lhe asseguro, as Escrituras levam isso muito a sério. Refiro-me agora à vanglória, a palavras ou atividades que pressupõem uma posição de superioridade sobre outras pessoas.

4. Vanglória

Como nuvens e ventos que não trazem chuva,
assim é o homem que se gaba falsamente de dádivas. (25.14)

Tens visto um homem que é sábio a seus próprios olhos?
Maior esperança há no tolo do que nele. (26.12)

Não presumas do dia de amanhã, porque não sabes o que produzirá o dia. Louve-te o estranho, e não a tua boca, o estrangeiro, e não os teus lábios. (27.1,2)

A vanglória ocorre, mais frequentemente, quando falamos exaltando a nós mesmos ou às nossas próprias realizações, mas é possível vangloriar-se sem proferir uma única palavra. Alguns automóveis de luxo são comercializados como símbolos de posição social, como também o são os imóveis de alguns bairros mais sofisticados e determinadas marcas de roupas. Deus nada disse contra a aquisição de coisas bonitas, se o propósito for aproveitar o seu uso. Mas quando alguém compra coisas visando o sucesso pessoal, ela é culpada de vanglória.

A vanglória é, na realidade, o sintoma de um problema mais grave e profundo, conhecido como soberba, uma condição do coração que cobiça atenção e ama ser o centro das atenções. Segundo Provérbios 6.16,17, o Senhor detesta a soberba, e considera a nossa autoexaltação uma afronta pessoal. Na verdade, Ele insere os "olhos altivos" — isto é, uma atitude de superioridade — no topo de uma lista daquilo que Ele detesta, uma lista que inclui a mentira, o homicídio, a rebelião e a calúnia.

Como adverte o provérbio: "A soberba precede a ruína, e a altivez do espírito precede a queda" (16.18). Cuidado com a vanglória, tanto a sua própria como a das pessoas ao seu redor. Mesmo que você não esteja rumando para uma queda, tome cuidado para que a soberba de outra pessoa não lhe derrube junto com ela.

Reflexões

Pense em alguns exemplos de vanglória que você ouviu recentemente. Descreva a sua reação emocional com relação a esses indivíduos. Você é culpado de divulgar as suas próprias habilidades, talentos ou realizações? Por que você faz isso? O que o motiva a se autopromover?

Dia 5: Provérbios 6.15

NÃO FALE; CONECTE-SE!

Um antigo ditado declara: "É melhor ficar em silêncio, e ser considerado um tolo, do que falar e remover todas as dúvidas". Eu, pessoalmente, aprovo este conselho direto. Na verdade, ele tem sólido apoio bíblico. O livro de Provérbios adverte contra este tão negligenciado perigo verbal: a verborragia.

5. Verborragia

O sábio de coração aceita os mandamentos, mas o insensato de lábios vem a arruinar-se. (10.8, na versão ARA)
Na multidão de palavras não falta transgressão, mas o que modera os seus lábios é prudente. (10.19)
Retém as suas palavras o que possui o conhecimento, e o homem de entendimento é de precioso espírito.
Até o tolo, quando se cala, será reputado por sábio; e o que cerrar os seus lábios, por sábio. (17.27,28)

A verborragia é o costume de falar demais, dizendo pouco. As pessoas que são verborrágicas normalmente se sentem impelidas a comentar sobre toda e qualquer coisa, seja porque temem o silêncio ou porque creem, sinceramente, que uma conversa sem sentido é melhor que nenhuma. Assim, essas pessoas enchem o abençoado silêncio com conversas vazias. Interrompem sem hesitação. Falam primeiro e pensam depois... se é que pensam! E, com tudo o que falam, não ouvem.

Há alguns anos, descobri que é praticamente impossível aprender alguma coisa enquanto estou falando. Isso, sem dúvida, é verdade, para qualquer pessoa. Assim, em vez de encher um vazio conversacional com uma tagarelice desnecessária, use o tempo que você tiver com os outros para ouvir bem, para entender mais a respeito deles. Faça perguntas que peçam respostas abertas, até encontrar um tema que os motive. Muito frequentemente, a conversa terá uma reviravolta significativa quando as pessoas descreverem o seu campo de interesse e explicarem por que o consideram emocionante e estimulante. À medida que permitirem a sua entrada no mundo delas, você terá a oportunidade de aprender e adquirir conhecimento de algum campo do conhecimento e experiência dessa pessoa. Depois de algum tempo, não terá meramente conversado: você terá se conectado.

Nós usamos esta semana para considerar vários maus usos da língua. Espero que o exame que fizemos desses cinco exemplos desagradáveis lhe encoraje a exercer mais controle sobre esse poderoso músculo de sua boca. Na próxima semana, vamos nos concentrar em alguns usos corretos e saudáveis da língua. Francamente, estou pronto para tudo aquilo que for positivo.

Reflexões

Quando você está na companhia de outras pessoas, o silêncio faz com que você se sinta desconfortável? Descreva os seus pensamentos e sentimentos, quando isso ocorre. Como o fato de se interessar pela vida de outra pessoa alivia a sua ansiedade? Pense em algumas perguntas de respostas abertas que você poderia fazer a alguém a quem não conhece bem.

Semana 9 • Provérbios 10, 15—17, 25, 27

A Engrenagem de uma Língua Descontrolada (Parte 2)

*A boca do justo produz sabedoria em abundância,
mas a língua da perversidade será desarraigada.
Os lábios do justo sabem o que agrada,
mas a boca dos ímpios anda cheia de perversidades.*
(Pv 10.31,32)

Os olhos do Senhor estão em todo lugar, contemplando os maus e os bons.
(15.3)

O homem se alegra na resposta da sua boca, e a palavra, a seu tempo, quão boa é!
(15.23)

*A luz dos olhos alegra o coração;
a boa fama engorda os ossos.
Os ouvidos que escutam a repreensão da vida
no meio dos sábios farão a sua morada.*
(15.30-31)

Favo de mel são as palavras suaves: doces para a alma e saúde para os ossos.
(16.24)
*O coração alegre serve de bom remédio,
mas o espírito abatido virá a secar os ossos.*
(17.22)

*Como maçãs de ouro em salvas de prata,
assim é a palavra dita a seu tempo.*

*Como pendentes de ouro e gargantilhas de ouro fino,
assim é o sábio repreensor para o ouvido ouvinte.*
(25.11,12)

*Melhor é a repreensão aberta
do que o amor encoberto.
Fiéis são as feridas feitas pelo que ama,
mas os beijos do que aborrece são enganosos.*
(27.5,6)

Dia 1: Provérbios 10, 15 — 17, 25, 27

UMA MUDANÇA POSITIVA

Salomão disse tantas coisas a respeito da língua que é impossível digerir toda essa sabedoria em uma única semana. E como esta pequena coisinha escorregadia à qual chamamos de língua nos causa tantos problemas, tão frequentemente, é apropriado que voltemos ao assunto para um segundo exame, e desta vez a partir de uma perspectiva mais positiva.

Na semana passada, examinamos várias razões para controlar a língua. Como declara Tiago 3.2: "Porque todos tropeçamos em muitas coisas. Se alguém não tropeça em palavra, o tal varão é perfeito e poderoso para também refrear todo o corpo". Em outras palavras, uma língua controlada é a marca da maturidade. Diante disso, são poucos os que podem ser, verdadeiramente, chamados de "maduros".

Em nosso estudo da semana passada, abordamos nada menos que cinco maneiras erradas de usar a língua:

1. Adulação enganosa
2. Mexericos e calúnias
3. Discussões, disputas e palavras iradas
4. Vanglória
5. Verborragia

Que lista condenadora! Na realidade, conheço poucos assuntos mais condenadores. Aprender como usar as palavras de maneira construtiva, em vez de permitir que a nossa língua crie o caos em nossas comunidades e relacionamentos, é um desafio contínuo. Felizmente, a língua pode se tornar um maravilhoso instrumento de graça, paz, amor e gentileza. Esta semana, vamos nos concentrar nesses usos positivos das palavras, permitindo que os ditados de Salomão acrescentem um pouco de azeite à engrenagem diária de uma língua descontrolada.

Reflexões

Pense em alguém que você conhece e cujas palavras normalmente têm um impacto positivo sobre os outros, e, em geral, criam um ambiente agradável. De que essa pessoa fala, normalmente? Com que frequência você ouve negativismo, críticas ou queixas de sua boca? Faça um estudo dessa pessoa, observando, em especial, a reação dos outros em relação a ela.

Dia 2: Provérbios 10, 15—17, 25, 27

PALAVRAS SÁBIAS

Salomão considerou os usos negativos e positivos da língua:

> A língua dos sábios adorna a sabedoria, mas a boca dos tolos derrama a estultícia. (Pv 15.2)

> Os lábios dos sábios derramarão o conhecimento, mas o coração dos tolos não fará assim. (15.7)

Da mesma maneira como encontramos cinco usos destrutivos da língua, também encontramos cinco maneiras pelas quais "os lábios dos sábios" podem beneficiar as outras pessoas.

1. Conselho sábio e recomendação genuína

Os lábios do justo sabem o que agrada. (10.32)

Os lábios dos sábios derramarão o conhecimento. (15.7)

Onde não há conselho os projetos saem vãos,
mas, com a multidão de conselheiros, se confirmarão. (15.22)

O que anda maldizendo descobre o segredo;
pelo que, com o que afaga com seus lábios, não te entremetas. (20.18)

Também pode valer a pena você dedicar algum tempo para ler e meditar sobre Provérbios 25.19, 26 e 28. Estes três provérbios adicionais destacam as consequências de dar ouvidos a conselhos insensatos. Todos nós recebemos conselhos sábios e insensatos. Como uma pessoa pode avaliar adequadamente os grandes benefícios dos conselhos sábios e do discernimento? Normalmente, você está no seu limite. Você esgotou todos os recursos, tentou todas as estratégias, e então um pouco de discernimento de um amigo sábio muda toda a situação.

Obviamente, alguém que esteja fora da comunhão com Deus só poderá oferecer uma perspectiva limitada. Um pouco de sabedoria terrena pode ser benéfica, mas somente quando estiver sujeita à autoridade da verdade divina. Devemos usar um grande discernimento ao buscar conselhos, e ser extremamente cautelosos quando o conselho vier de alguém que rejeite uma perspectiva bíblica. Você poderá se surpreender ao descobrir que a idade e a experiência de vida não se traduzem, necessariamente, em sabedoria. Jó observou: "Os de mais idade não é que são os sábios, nem os velhos, os que entendem o que é reto" (Jó 32.9, na versão ARA).

Reflexões

Pense em uma ocasião em que um conselho sábio ajudou você a solucionar um dilema ou superar um desafio. Como chegou a essa informação? Você tem acesso a conselhos sábios regularmente? Tem a experiência ou o discernimento que possa ser oferecido a outras pessoas? Como você se faz disponível para consultas?

Dia 3: Provérbios 10, 15-17, 25, 27

AS FERIDAS AMIGÁVEIS

Continuando a examinar o livro de Provérbios, precisamos aceitar o fato de que nem todas as palavras construtivas são agradáveis. Na verdade, o uso mais útil da língua pode ser bastante desconfortável para todos os envolvidos — aquele que fala, aquele que ouve, e os espectadores. Além disso, palavras agradáveis e suaves, no contexto errado, podem conduzir a desastres.

2. Reprovação, repreensão, exortação espiritual

O tolo despreza a correção de seu pai,
mas o que observa a repreensão prudentemente se haverá. (15.5)

Correção molesta há para o que deixa a vereda, e o que aborrece a repreensão morrerá. (15.10)

Os ouvidos que escutam a repreensão da vida
no meio dos sábios farão a sua morada.
O que rejeita a correção menospreza a sua alma,
mas o que escuta a repreensão adquire entendimento. (15.31,32)

Fiéis são as feridas feitas pelo que ama,
mas os beijos do que aborrece são enganosos. (27.6)

O homem pobre que oprime os pobres é como chuva impetuosa, que não deixa nenhum trigo. (28.23)

Reprovação. Tão rara, e tão essencial! Faça uma pausa, e pense em uma ocasião em que alguém reprovou, sabiamente, mas também firmemente, o seu comportamento, o seu modo de pensar, ou a sua atitude e como resultado você se tornou uma pessoa melhor. Examine novamente Provérbios 27.6. Vou ampliar o versículo, usando o texto hebraico como nosso guia. Literalmente, o versículo diz:

Fiéis são as feridas feitas pelo que ama, mas os beijos do que aborrece são enganosos.

Isto nos diz diversas coisas:

- Aquele que repreende deve ser alguém que ame a pessoa a quem repreende.
- Uma ferida tende a perdurar por muito tempo, além do momento em que aconteceu. Ela não é esquecida logo.
- A amizade deve permitir a liberdade para críticas construtivas.
- Nem todos os elogios são oferecidos com o motivo correto.

Assim, uma grande parcela disso que chamamos de repreensão tem que ver com discernimento e critério. Há uma maneira correta, e uma ocasião correta (para não mencionar um motivo correto) para repreender um ente querido. Se o motivo de seu amigo for lhe ajudar, essas "feridas" terão o maior proveito na ocasião, se forem feitas em particular, se se concentrarem em uma questão específica, se levarem ao aprimoramento em longo prazo, e se incluírem muita afirmação e encorajamento.

Considere o que escreveu o sábio:

Como maçãs de ouro em salvas de prata,
assim é a palavra dita a seu tempo.
Como pendentes de ouro e gargantilhas de ouro fino,
assim é o sábio repreensor para o ouvido ouvinte. (25.11,12).

Essas "feridas" que curam devem estar inseridas entre palavras de afirmação e encorajamento. Na verdade, eu prefiro, — à razão de dez para um — a afirmação e não as críticas. Ou seja, quando lido com um empregado ou com um voluntário do ministério, tento afirmar e encorajar o máximo possível. Então, quando eu tiver que reprovar ou oferecer críticas construtivas, a pessoa saberá que a ferida vem de um líder que a ama e que a aprecia.

3. Palavras de encorajamento

O homem se alegra na resposta da sua boca, e a palavra, a seu tempo, quão boa é! (15.23)

A luz dos olhos alegra o coração; a boa fama engorda os ossos. (15.30)

Favo de mel são as palavras suaves: doces para a alma e saúde para os ossos. (16.24)

Com "encorajamento", eu quero dizer expressões sinceras de afirmação e gratidão, dirigidas honestamente a outro indivíduo — em público sempre que apropriado, em particular se for mais sensato. Raramente fazemos isso, no entanto este é um dos sinais de um indivíduo maduro e piedoso.

Reflexões

Quantas vezes por semana você encoraja as pessoas mais próximas a você? Pense no último mês, e avalie.

Cônjuge ou outra pessoa importante _____
Seus filhos _____
Amigos _____
Colegas de trabalho _____
Empregados _____

Procure oportunidades para edificar os que estão à sua volta com palavras genuínas de afirmação, apreciação, admiração e encorajamento.

Dia 4: Provérbios 10, 15-17, 25, 27

UM INSTRUMENTO PARA DEUS

Continuaremos hoje o nosso exame da expressão construtiva. Embora a nossa língua possa causar grandes danos a relacionamentos e até a comunidades inteiras, o uso sábio das palavras pode fortalecer relacionamentos e unir as pessoas em torno da verdade divina. Professores, pregadores e evangelistas possuem este potencial.

4. Testemunho, ensino, consolação

A boca do justo é manancial de vida. (10.11)
Prata escolhida é a língua do justo;
o coração dos ímpios é de nenhum preço.
Os lábios do justo apascentam muitos,
mas os tolos, por falta de entendimento, morrem. (10.20,21)
O fruto do justo é árvore de vida, e o que ganha almas sábio é. (11.30)
Águas profundas são as palavras da boca do homem, e ribeiro transbordante é a fonte da sabedoria. (18.4)

A morte e a vida estão no poder da língua; e aquele que a ama comerá do seu fruto. (18.21)

Livra os que estão destinados à morte
e salva os que são levados para a matança, se os puderes retirar.
Se disseres: Eis que o não sabemos;
porventura, aquele que pondera os corações não o considerará?
E aquele que atenta para a tua alma não o saberá?
Não pagará ele ao homem conforme a sua obra? (24.11,12)

Quem pode avaliar, com exatidão, os benefícios obtidos da língua de um professor piedoso, versado nas Escrituras? Como podemos medir a profundidade da consolação recebida das palavras de um amigo íntimo durante um período de tristeza ou aflição? E quanto àqueles que lhe falaram sobre Cristo? Você se lembra do encorajamento que recebeu das gloriosas Boas-Novas do Senhor Jesus Cristo? Onde estaríamos sem as pessoas atentas e ponderadas que usam o dom da fala com sabedoria?

Pare e considere o seguinte: "A fé é pelo ouvir", mas somente quando as palavras transmitem a mensagem correta, da maneira correta, na ocasião correta (Rm 10.17). Deus deu à humanidade a responsabilidade de executar o seu plano evangelístico e redentor para o mundo, e nós temos a responsabilidade de usar palavras — escritas ou faladas — para cumprir o seu grande mandamento.

A pregação, o ensino ou a evangelização podem não ser o seu dom ou a sua vocação, mas o princípio é verdadeiro: a sua língua pode não ter melhor função na vida do que a de "fazer discípulos de todas as nações", fielmente e consistentemente (Mt 28.19, ARA).

Reflexões

Quem é o comunicador do evangelho mais eficaz que você conhece pessoalmente? O que essa pessoa faz para ser tão eficaz? O que você pode aprender com ela, para que possa transmitir melhor a verdade divina?

Dia 5: Provérbios 10, 15-17, 25, 27

ESCOLHA A ALEGRIA

Não é nenhum segredo que eu adoro rir. O riso enchia o meu lar na infância, e espero que os meus filhos se lembrem de seus primeiros anos como pessoas alegres. Estou convencido de que o Senhor tem um grande senso de humor e de que deseja que o seu povo ria alto e frequentemente. Por isso, vamos concluir o nosso estudo sobre o uso construtivo da boca com essa nota alegre.

5. Um bom senso de humor

O coração alegre aformoseia o rosto,
mas, pela dor do coração, o espírito se abate.
Todos os dias do aflito são maus,
mas o de coração alegre tem um banquete contínuo.
(Pv 15.13,15)

Por favor, com respeito a senso de humor, entenda que não estou me referindo a conversas vazias e tolas ou a brincadeiras desagradáveis e inoportunas. Com humor, refiro-me a expressões cuidadosamente escolhidas e oportunas de inteligência e declarações divertidas. Estou convencido da importância do humor sadio. Na realidade, acredito que uma pessoa sem senso de humor não será um líder tão capaz ou um comunicador tão eficaz como poderia ser.

Há ocasiões especiais em que é necessário senso de humor, como em reuniões demoradas, tensas e acaloradas, ou quando se instala um clima sério no lar, ou até mesmo depois de experiências extremamente difíceis. Quão rápida e quão facilmente nos esquecemos de rir! No entanto, estudos médicos têm comprovado os benefícios do riso para a saúde.

Olhe para a última expressão da passagem final que citei acima. O texto hebraico diz, literalmente, que o coração alegre "causa uma boa cura". Como você se avalia, meu amigo? Honestamente, acabou se tornando tão sério que não mais consegue se divertir, nem aos outros? Se há uma crítica geral que nós, cristãos, devemos aceitar sem discutir, é a de que nos tornamos muito sérios, a respeito de tudo na vida. Nós excluímos ou ignoramos praticamente todas as oportunidades para uma boa risada saudável. Somos tensos, muito intensos e muito críticos, a nosso respeito e sobre os outros. Como resultado, a nossa tolerância e entendimento são extremamente limitados. Que Deus possa nos colocar em uma situação confortável! E que possa, no final, nos capacitar para vivermos além da engrenagem de uma língua descontrolada.

Reflexões

Quando foi a última vez que você reservou tempo para ter alguma diversão? Esta é a sua última tarefa esta semana. Encontre alguma coisa que você possa partilhar com outras pessoas importantes em sua vida, algo que tenha diversão e/ou riso como o propósito principal. Então, divirta-se!

Semana 10 • Provérbios 15 — 17

A Engrenagem do Descontentamento

Melhor é a comida de hortaliça onde há amor do que o boi gordo e, com ele, o ódio.
(Pv 15.17)

Melhor é o pouco com justiça do que a abundância de colheita com injustiça.
(16.8)

Melhor é um bocado seco e com ele a tranquilidade do que a casa cheia de vítimas, com contenda.
(17.1)

Dia 1: Provérbios 15 — 17

Encontre as Coisas Boas

Muitas pessoas sofrem da mais contagiosa de todas as doenças. Eu a chamo de Síndrome de "Se pelo menos". Os germes do descontentamento podem infectar uma única pessoa e então dominar toda uma comunidade, afetando todos os aspectos da vida — físico, mental, emocional e espiritual. A seguir, está uma lista de algumas declarações pronunciadas por aqueles afetados pela Síndrome de "Se pelo menos":

Se pelo menos eu tivesse mais dinheiro...
Se pelo menos eu conseguisse tirar melhores notas...

Se pelo menos tivéssemos uma casa melhor...
Se pelo menos não tivéssemos feito aquele mau investimento...
Se pelo menos eu não tivesse tido uma educação tão ruim...
Se pelo menos ela tivesse continuado casada comigo...
Se pelo menos o nosso pastor fosse um pregador mais forte...
Se pelo menos meus filhos conseguissem andar...
Se pelo menos pudéssemos ter tido filhos...
Se pelo menos nós não tivéssemos tido filhos...
Se pelo menos o negócio tivesse tido sucesso...
Se pelo menos meu marido não tivesse morrido tão jovem...
Se pelo menos eu tivesse abandonado as drogas...
Se pelo menos eles tivessem me deixado em paz...
Se pelo menos eu não tivesse sofrido aquele acidente...
Se pelo menos conseguíssemos nos recuperar, financeiramente...
Se pelo menos ele tivesse me convidado para sair...
Se pelo menos as pessoas me aceitassem como sou...
Se pelo menos meus pais não tivessem se divorciado...
Se pelo menos eu tivesse mais amigos...

Essa lista poderia se estender por muitas páginas. Tecido na trama de todas essas queixas melancólicas está um suspiro enraizado na engrenagem diária do descontentamento. Se essa lista se estender o suficiente, a Síndrome de "Se pelo menos" resulta em autopiedade, uma das mais desagradáveis e repugnantes de todas as atitudes. O descontentamento é uma daquelas engrenagens diárias que força os outros a darem ouvidos aos nossos lamentos — mas não por muito tempo! As almas descontentes logo se tornam almas solitárias, isoladas.

Como disse, certa vez, um sábio, "Normalmente, você encontra o que está procurando". Assim, a pergunta é, o que você está procurando? Razões para celebrar a bondade de Deus, ou razões para lamentar "Ai de mim"?

Reflexões

Você não precisa se esforçar muito para encontrar algo errado em tudo. Mas com que frequência decide procurar coisas íntegras e boas, em suas experiências diárias? Nos próximos dias, faça-se esta pergunta frequentemente: como Deus pode usar isto para o bem? A seguir, espere uma resposta, à medida que acontecem os eventos diários.

Dia 2: Provérbios 15 — 17

VOCÊ GOSTARIA QUE O ÓDIO ESTIVESSE PRESENTE NA SITUAÇÃO?

Fico muito feliz pelo fato de Salomão não ter negligenciado o descontentamento. Em três ocasiões distintas, ele ofereceu sabedoria a todos nós, especialmente para aquelas ocasiões em que nos sentimos tentados a sentir pena de nós mesmos. Você já pode ter percebido que os três versículos desta semana são coplas comparativas, provérbios em que uma coisa é declarada superior a outra. Aqui está um exemplo:

> Melhor é a comida de hortaliça onde há amor do que o boi gordo e, com ele, o ódio. (15.17)

No estado do Texas, onde nasci e fui criado, a carne bovina é considerada um item essencial na lista de compras. Em outras partes dos Estados Unidos, uma espessa bisteca é uma iguaria especial, mas, ainda assim, bastante comum. Antigamente, no entanto, a carne de qualquer tipo era uma iguaria, normalmente reservada para o sábado, e geralmente seria cordeiro ou cabra. Raramente se comia carne de bois, porque eles eram muito mais valiosos vivos. No arado, um único boi poderia realizar, em um único dia, o trabalho de três homens trabalhando por uma semana. Consequentemente, o dono de um boi normalmente vendia os serviços de seu animal, depois de concluir o trabalho de arar, trilhar ou colher. Não era raro que toda uma aldeia usasse o mesmo grupo de bois para o trabalho agrícola.

Assim, matar um boi para consumir a sua carne em sociedades agrícolas antigas era uma extravagância e um desperdício, em nada diferente de um agricultor da atualidade vender um trator e então usar os lucros para comprar o mais caro caviar e servir a mais sofisticada culinária em um único jantar. No entanto, o sábio que escreveu este provérbio atribuía tal importância ao amor e à harmonia que preferiria comer uma porção mais modesta de legumes a comparecer a um jantar caro e suntuoso, mas estragado por uma atitude de ódio e disputa. Ele encontrava contentamento naquilo que é intangível na vida.

Quem precisa de um bife de panela? O que há de tão especial em um *Filé à Chateaubriand* para duas pessoas, se não houver flores à mesa? Há vários anos, sorri ao ler a respeito de uma senhora toda enfeitada em uma festa, tentando parecer feliz. Uma amiga observou a gigantesca pedra reluzente no dedo dela, e gritou: "Que diamante maravilhoso"!

"Sim," concordou ela, "é um diamante Callahan. Ele vem com a maldição Callahan".

"A maldição Callahan?" perguntou a amiga. "O que é isso?"

"O *senhor* Callahan," respondeu ela, com uma carranca.

O provérbio propõe a pergunta penetrante, de que adianta ter "mais e melhor" se amor e harmonia não estiverem incluídos no pacote? O sábio apresentou a sua resposta, declarando que o amor que ele tem por sua companhia na refeição é sempre a melhor parte da refeição. Isso ainda é verdade, não é?

Reflexões

Quando você faz uma refeição com alguém, se distrai facilmente com as imperfeições na comida, no serviço ou no ambiente? Até que ponto o amor e a harmonia entre as pessoas que comem com você afetam a sua capacidade de desfrutar da refeição? O que você pode fazer para que cada refeição pareça uma experiência de jantar de cinco estrelas para os outros?

Dia 3: Provérbios 15 — 17

ALIMENTO PARA A ALMA

Considerando ainda a engrenagem do descontentamento, aprendemos que o ingrediente secreto para uma refeição fabulosa é o amor. O livro de Provérbios continua com este tema culinário, com outra copla comparativa:

Melhor é um bocado seco e tranquilidade do que a casa farta de carnes e contendas. (17.1, ARA)

A imagem de um "bocado seco" (conforme a NIV 1984) é um retrato que qualquer viajante antigo poderia apreciar. Sem o benefício de conservantes para seu alimento, os viajantes se alimentavam de pão ou algo similar à carne seca. Eles se contentavam com pouco. E mesmo em casa, durante tempos de vacas magras, o pão velho e a carne seca poderiam ser o jantar.

O provérbio compara esta refeição espartana a uma "casa farta de carnes" (o significado hebraico literal). Segundo a lei e a tradição do Antigo Testamento, um sacerdote podia levar para casa, para a sua família, algumas porções do alimento não completamente consumido no altar (Lv 10.12-14). É assim que um homem que dedicava a sua vida ao ministério sustentava a sua casa. A palavra para a morte ritual de um animal era usada, às vezes, no sentido de preparativos para um banquete, para uma mesa suntuosa, coberta com carne, legumes, pão e vinho deliciosos.

Para o sábio, a qualidade da refeição tem o segundo lugar, abaixo do ambiente emocional da casa. Ele compara "tranquilidade" com "contenda". A palavra *tranquilidade*, no entanto, não se refere a silêncio, mas a um ambiente caracterizado pela tranquilidade, prosperidade e segurança. A palavra hebraica é intimamente relacionada com *shalom*. Assim, o provérbio descreve uma casa pacífica e harmoniosa, onde as pessoas são livres para ser elas mesmas, sem medo da crítica ou rejeição. Há uma sensação de tranquilidade entre as pessoas, porque a contenda — disputas, brigas e hostilidade — não é encontrada ou sentida.

O autor desse provérbio em particular encontrava contentamento na maioria das refeições, porque achava muito mais satisfação nos relacionamentos harmoniosos do que nas refeições mais dispendiosas que o dinheiro poderia comprar. Ele pode não ter conseguido controlar o fluxo de caixa na conta bancária da família, mas pôde conservar relacionamentos saudáveis sob seu teto.

Reflexões

Ao fazer o inventário da vida hoje, a sua casa tem uma abundância maior de riqueza ou de amor? De abundância material ou de harmonia nos relacionamentos? O que você está disposto a sacrificar para aprimorar esses relacionamentos? Se não tem riquezas nem harmonia, alguém provavelmente deu a prioridade aos bens materiais, o que *sempre* leva ao descontentamento.

Dia 4: Provérbios 15 – 17

O Ladrão do Descontentamento

A esta altura, a melhor maneira de aliviar a engrenagem do descontentamento deveria estar clara. O livro de Provérbios nos aconselha a encontrar prazer pessoal nas coisas que o dinheiro não pode comprar, como amor e harmonia interpessoal. A sabedoria também aponta para outra esperança intangível, que satisfaz o coração de maneiras que os bens materiais não conseguem satisfazer.

Melhor é o pouco com justiça do que a abundância de colheita com injustiça. (16.8)

Na maratona de Boston de 1980, uma corredora amadora, até então desconhecida, maravilhou o mundo, ao completar a corrida de 42 quilômetros em um tempo notável, pouco abaixo de duas horas e 32 minutos — na ocasião, a mulher mais veloz da história da corrida. Ela correu as últimas centenas de metros dando a impressão de estar visivelmente fatigada, e então caiu nos braços dos inspetores da corrida. A imprensa se amontoou ao redor da inesperada vencedora, que admitiu ter treinado sozinha para se preparar para o evento histórico.

Infelizmente, Rosie não correu todo o percurso. Ela largou, correu alguns dos primeiros quilômetros, entrou em uma estação de metrô, esperou algumas horas, e então voltou ao percurso a um quilômetro da linha de chegada. Os inspetores suspeitaram, por causa de sua dramática melhora no seu tempo na maratona de Nova York (2 horas, 56 minutos, 33 segundos) apenas um ano antes. O que se descobriu, no entanto, é que ela também não havia corrido todo aquele percurso. Ela havia tomado um ônibus.

Não entendo o que uma pessoa ganha com a trapaça! Como alguém pode desfrutar dos despojos da batalha, sabendo que poderia ser descoberto — e provavelmente seria? Rosie Ruiz sempre será conhecida, entre os corredores, como a "trapaceadora da maratona".

Nada obtido por meio da injustiça trará satisfação. O sábio declarou que o seu ganho honesto, ainda que menor do que poderia ter sido, lhe traria mais satisfação do que poderiam trazer as riquezas obtidas de forma ilícita. Quem se importa se a sua conta bancária está recheada e a sua carteira de investimentos é a inveja de Wall Street, se você trapaceou para vencer? Isso não torna você mais bem-sucedido, mais inteligente, mais diligente, ou mais nada digno de respeito. Além disso, você deve, então, lutar com a sua consciência. Isso é como dormir em um suporte no qual se penduram casacos: cada movimento que você faz é um novo lembrete de que há algo errado.

Os ricos e os pobres, aqueles que querem muito, os que têm muito e os que acham que precisam ter mais — todos precisam, igualmente, do conselho do sábio. O descontentamento raramente tem algo a ver com a condição financeira da pessoa descontente. A avareza é um câncer da atitude, provocado não por fundos insuficientes, mas por prioridades equivocadas e inapropriadas. Algumas pessoas nunca ficarão satisfeitas, não importando o quanto adquiram. O descontentamento é um ladrão que continua a nos roubar a paz e a integridade. Com muita sutileza ele sussurra: "Mais... mais... mais..."

Reflexões

Cite algo que você gostaria de ter em maior abundância. É algo que você pode tocar fisicamente, ou comprar com dinheiro? Quer a resposta seja sim ou não, considere o que você está disposto a sacrificar para obter mais. Que tipo de reação você acha que receberia se tornasse essa informação pública?

Dia 5: Provérbios 15 ~ 17

A Escolha É sua

Vamos concluir o nosso estudo do contentamento com o conselho de um pastor mais velho a seu jovem aprendiz. O apóstolo Paulo escreveu a Timóteo, advertindo-o a respeito dos perigos do descontentamento. O pastor mais jovem servia em Éfeso, uma cidade antiga, cuja economia prosperava com a prática da magia e adivinhação, e cujo comércio dependia da chegada de dinheiro dos peregrinos ao Templo de Artemis, uma das sete maravilhas do mundo antigo. O dinheiro abundava para quem estivesse disposto a comprometer a sua integridade.

Leia atentamente estas palavras de Paulo, como se você as estivesse lendo pela primeira vez.

> Mas é grande ganho a piedade com contentamento. Porque nada trouxemos para este mundo e manifesto é que nada podemos levar dele. Tendo, porém, sustento e com que nos cobrirmos, estejamos com isso contentes. Mas os que querem ser ricos caem em tentação, e em laço, e em muitas concupiscências loucas e nocivas, que submergem os homens na perdição e ruína. Porque o amor do dinheiro é a raiz de toda espécie de males; e nessa cobiça alguns se desviaram da fé e se traspassaram a si mesmos com muitas dores... Manda aos ricos deste mundo que não sejam altivos, nem ponham a esperança na incerteza das riquezas, mas em Deus, que abundantemente nos dá todas as coisas para delas gozarmos; que façam o bem, enriqueçam em boas obras, repartam de boa mente e sejam comunicáveis; que entesourem para si mesmos um bom fundamento para o futuro, para que possam alcançar a vida eterna. (1Tm 6.6-10, 17-19)

Perceba que Paulo não condenava o dinheiro como sendo algo mau, nem mesmo sugere que todos os ricos devem se livrar de sua riqueza. O dinheiro não é o problema, e a riqueza não é má. Eu tenho observado que os pobres podem ser mais materialistas que um bilionário, e os ricos podem realizar muitas coisas boas com o seu dinheiro. O coração é que tem a chave para conservar os bens materiais na perspectiva adequada. Essa chave é escolher o contentamento.

Paulo cultivava um espírito satisfeito, de três maneiras específicas. Em primeiro lugar, ele procurava ativamente a obra de Deus, em todas as circunstâncias (Fp 1.12-14). Em segundo lugar, agradecia a Deus pelo que tinha, em vez de se queixar a respeito do que lhe faltava (1.3, 7; 4.11,12). Em terceiro lugar, valorizava os relacionamentos acima dos bens materiais (4.17).

Reflexões

Dedique algum tempo agora, para apresentar estes pedidos a Deus, em oração:

- Mostra-me como podes usar as minhas atuais circunstâncias para o bem.

- Dá-me um coração cheio de gratidão pelo que tenho. (Seja específico: quais são as cinco coisas pelas quais você é mais grato agora?)

- Ajuda-me a sentir o valor dos relacionamentos, como nunca senti antes.

Repita essas orações frequentemente durante o dia, e mantenha os olhos abertos para reações específicas de Deus, quando Ele honrar os seus pedidos.

Semana 11 • Provérbios 6

A ENGRENAGEM DA TENTAÇÃO LUXURIOSA

Porque o mandamento é uma lâmpada, e a lei, uma luz, e as repreensões da correção são o caminho da vida, para te guardarem da má mulher e das lisonjas da língua estranha. Não cobices no teu coração a sua formosura, nem te prendas com os seus olhos. Porque por causa de uma mulher prostituta se chega a pedir um bocado de pão; e a adúltera anda à caça de preciosa vida. Tomará alguém fogo no seu seio, sem que as suas vestes se queimem? Ou andará alguém sobre as brasas, sem que se queimem os seus pés? Assim será o que entrar à mulher do seu próximo; não ficará inocente todo aquele que a tocar.
(Pv 6.23-29)

O que adultera com uma mulher é falto de entendimento; destrói a sua alma o que tal faz.
Achará castigo e vilipêndio,
e o seu opróbrio nunca se apagará.
(6.32-33)

Dia 1: Provérbios 6

A Batalha no Cérebro

Salomão era uma pessoa honesta. Eu acho isso bastante revigorante em nossa época de definições vagas e racionalizações ousadas. As palavras que você acaba de ler são atemporais, e não menos relevantes hoje do que foram quando a tinta que as escreveu ainda não havia secado. A batalha contra as tentações luxuriosas não diminuiu no milênio, desde que o rei sábio e paternal advertiu os seus próprios filhos. Na verdade, poderíamos afirmar que as tentações são muito mais numerosas hoje em dia. A oportunidade para tropeçar moralmente surge sempre que ligamos a televisão, nos sentamos diante de um computador ou abrimos uma revista. Não se engane: estamos em guerra contra a luxúria, e lutamos defendendo a pureza, desde o momento em que abrimos os olhos, pela manhã, até o momento em que apagamos a luz, à noite. O terreno de batalha é a nossa mente, e os riscos não poderiam ser maiores.

Deixe-me lembrar-lhe de que essas palavras e advertências aparecem em outra das seções "Filho meu". Sendo pai, Salomão queria deixar conselhos confiáveis e veementes advertências que seu filho leria e às quais ele obedeceria. Talvez o sábio rei tivesse escrito estas palavras com uma quantidade extra de paixão, uma vez que o seu próprio pai, Davi, havia sofrido as consequências de ceder à tentação luxuriosa, muitos anos antes. Embora o adultério de Davi tivesse acontecido antes do nascimento de Salomão, não pode haver dúvida de que ele estivesse ciente das consequências que ocorreram depois da concessão do rei. Salomão foi criado em um contexto que jamais permitiu que ele se esquecesse da falha moral de seu pai. Além disso, em sua idade adulta, com centenas de esposas e várias concubinas, Salomão tinha lições a compartilhar, com base em suas próprias falhas morais. Salomão começa com o padrão das Sagradas Escrituras:

> Porque o mandamento é uma lâmpada, e a lei, uma luz, e as repreensões da correção são o caminho da vida. (6.23)

A Palavra perfeita e Sagrada de Deus sempre é o lugar onde podemos encontrar o padrão de comportamento. Não são os meios de comunicação. Não são as opiniões de outras pessoas. Nem os livros escritos por outras pessoas que lutam. Nem mesmo a nossa própria consciência, que pode ser insensível, dura ou preconceituosa. A "lâmpada" dos preceitos de Deus, a "luz" dos seus ensinamentos — estas são as coisas que nos proporcionam orientação inequívoca. Além disso, as Escrituras são o melhor antídoto para o veneno das tentações luxuriosas. E eu lhe digo isso baseado em minha experiência pessoal.

Reflexões

Pense em um dia típico. Cite algumas fontes específicas de conteúdo sexual com que você se depara, qualquer coisa que lhe estimule a ter pensamentos sexuais. Avalie o número de vezes em que você se depara com este tipo de estímulo. Que efeito, em sua opinião, isso tem sobre a sua mente com o passar do tempo? O que você pode fazer para combater esse impacto negativo?

Dia 2: Provérbios 6
FUJA DA TENTAÇÃO

Quando praticamente cada meio de comunicação nos bombardeia com material relacionado a sexo — um fenômeno que as gerações anteriores não viveram — também enfrentamos outro perigo: as oportunidades para cometer o adultério nunca estiveram mais presentes. Além disso, vivemos em uma sociedade que é mais acomodada do que nunca. Além das tentações que ocorrem na vida cotidiana, é possível acessar, pela internet, um serviço de encontros para pessoas casadas que buscam casos amorosos!

Assim, o que podemos aprender com as palavras de Salomão, quando esteve diante da sedução de um modo de vida luxurioso? Como podemos viver além da engrenagem deste tipo de tentação? O sábio ofereceu quatro decisões específicas para evitar o tropeço moral do adultério. (Vamos comentar duas delas hoje, e as outras amanhã). Originalmente, Salomão escreveu isso para seu filho, pois a tentação é citada no feminino. Naturalmente, a tentação não discrimina, mas aflige os dois sexos, igualmente.

1. Fique longe da pessoa "má".

Salomão incentivou seu filho a encher a sua mente com a Palavra de Deus, como uma maneira de se distanciar da mulher sensual que ele considerar tentadora. Você pode não ter a facilidade de escapar à presença física de alguém que quer se envolver em um caso amoroso, mas eu recomendo, veementemente, que você faça qualquer sacrifício necessário para se afastar. Você pode ao menos criar uma distância emocional, alimentando a sua alma, e, se você for casado(a), cultivando uma intimidade mais profunda com seu cônjuge. Em resumo: coloque alguma distância entre você e a tentação luxuriosa.

2. Proteja-se da "língua estranha" que lhe convida.

Quer você acredite ou não, muitos dos casos não têm a ver com sexo. O potencial para a tentação sexual existe sempre que um homem e uma mulher passam juntos algum período de tempo significativo, mas a maioria das pessoas não trai seus cônjuges. Um bom casamento, combinado com uma autoimagem segura e baseada em Deus nos conserva livres de problemas. Muito frequentemente, no entanto, uma pessoa normalmente recatada é atraída a um relacionamento ilícito por meio de elogios. Na verdade, os predadores sexuais — como as pessoas "más" de Salomão — usam a falta de confiança e a insatisfação sexual das pessoas como oportunidades para as conquistas.

Observe esta cena vívida em que Salomão descreve a maneira como uma mulher tentadora usa a adulação para seduzir a sua presa:

> Por isso, saí ao teu encontro, a buscar diligentemente a tua face, e te achei. Já cobri a minha cama com cobertas de tapeçaria, com obras lavradas com linho fino do Egito; já perfumei o meu leito com mirra, aloés e canela. Vem, saciemo-nos de amores até pela manhã; alegremo-nos com amores. Porque o marido não está em casa, foi fazer uma jornada ao longe. Um saquitel de dinheiro levou na sua mão; só no dia marcado voltará a casa. Seduziu-o com a multidão das suas palavras, com as lisonjas dos seus lábios o persuadiu. (7.15-21)

Reflexões

Ao pensar sobre a sua própria fraqueza e circunstâncias da vida, cite algumas situações ou lugares que você seria sábio por evitar. Normalmente, colocar alguma distância entre você e o pecado potencial requer planejamento. Por exemplo, ao reservar um quarto de hotel antecipadamente, é possível pedir o bloqueio dos canais para adultos. O que o seu plano em prol da pureza moral incluirá?

Dia 3: Provérbios 6
Planeje em Prol da Pureza

Salomão advertiu seu filho para que evitasse as artimanhas de uma tentadora, e lhe deu quatro instruções que lhe ajudariam. As duas primeiras ("fique longe da pessoa má" e "proteja-se da língua suave que convida você") se concentram no componente externo da tentação. Isto é, essas instruções nos dizem que devemos colocar alguma distância entre nós e a potencial sedução e engano que venham consumar um pecado. Este pai sábio também reconhecia, no entanto, que parte do problema da tentação está dentro de nós. Os bolos parecem mais atraentes para as pessoas que estão famintas. Portanto, estas duas instruções a seguir nos dizem como podemos sobreviver à tentação, examinando o nosso interior e avaliando nossos apetites.

3. Recuse-se a alimentar desejos secretos pelo sexo oposto.

É difícil ignorar a beleza e o charme. A televisão, os filmes, e praticamente cada ponto do espaço cibernético treinam nossas mentes a considerar a beleza física um fator em cada decisão. Pessoas atraentes tentam nos convencer a comprar determinados produtos. O candidato político com aparência física mais atraente tem vantagem nas pesquisas. Mulheres impossivelmente belas, com vento nos cabelos, nos olham de maneira sedutora nas capas de revistas, dizendo-nos o que devemos e o que não devemos comer. Até mesmo os locutores das notícias são bonitos! Assim, por que esperaríamos que esta preocupação com a beleza física cessasse, repentina e automaticamente, quando interagimos com pessoas normais, no trabalho, na escola, em casa ou no mercado?

Infelizmente, este autocontrole mental é uma questão de disciplina. Não é fácil, nem automático. Devemos reeducar, conscientemente, nossas mentes, para remover a beleza física de nosso processo mental. Devemos nos educar para olhar além dela. Devemos tomar a decisão consciente e habitual de deixar de lado qualquer consideração sobre a beleza e nos relacionarmos com qualquer pessoa como se fosse um irmão ou irmã. Devemos nos educar para olhar além da beleza. Devemos, conscientemente, levar cativos todos os nossos pensamentos (2 Co 10.5) e avaliá-los segundo Filipenses 4.8 ("tudo o que é verdadeiro, tudo o que é honesto, tudo o que é justo, tudo o que é puro, tudo o que é amável, tudo o que é de boa fama, se há alguma virtude, e se há algum louvor, nisso pensai").

4. Não permita que aqueles olhos sedutores lhe cativem.
Todo mundo quer se sentir desejado. Na verdade, essa necessidade básica de se sentir querido tem incentivado e alimentado o sexo ilícito desde que a humanidade criou as regras da monogamia — para quebrá-las. Salomão advertiu que uma "língua estranha" é apenas uma forma da adulação que os tentadores usam para cativar suas presas desavisadas. Uma mulher sedutora também sabe como sinalizar o desejo sensual com seus olhos. Na verdade, a adulação pode acontecer de várias formas. Por isso, cuidado com o homem charmoso que não é o seu marido, ou a mulher atenciosa que não é a sua esposa. Em quase todos os contextos, a adulação é meramente um prelúdio para tudo o que você deve evitar!

Reflexões

Quando você se sente pouco atraente ou, de alguma outra maneira, desapontado consigo mesmo, a que ou a quem você recorre, em busca de consolação e encorajamento? As pessoas que você respeita confirmam essa escolha? Faça uma lista mental de pessoas ou situações que você deveria evitar quando se sentir particularmente vulnerável.

Dia 4: Provérbios 6

RAZÕES PARA EVITAR A TENTAÇÃO

Nós já comentamos *quais* coisas devem ser evitadas, e já pensamos em *como* evitá-las, mas ainda não exploramos a questão de *por que* devemos resistir à tentação. Por que Salomão foi tão rígido a respeito da resistência ao apelo do desejo sexual? Sem a menor hesitação, o sábio apresentou a verdade, que muitas pessoas consideram hoje em dia.

Em primeiro lugar, reconheça que o tentador sexual busca a "vida preciosa", a pessoa extraordinária. Por alguma razão, os tentadores se fixam em pessoas de grande talento, habilidade, popularidade ou potencial. Quando pessoas dotadas são vítimas da "pessoa má", as consequências podem ser devastadoras. Tudo o que antes as destacava, repentinamente fica comprometido. Elas se arriscam a tudo isto, e ainda mais:

Perda de caráter	Prejuízos à carreira profissional
Perda de respeito próprio	Uma reputação destruída
Perda do respeito dos outros	Vergonha na comunidade
Perda da família	Descontrole nas finanças
Perda do testemunho cristão	Possibilidade de doenças
Perda de alegria e paz	O início de uma vida secreta

Uma segunda razão para evitar a tentação sexual: a dor da punição começará, e poderá nunca terminar completamente. Embora o rei Davi se arrependesse, recebesse o perdão e a graça de Deus, e se tornasse o maior monarca de Israel até Jesus, as sombrias e devastadoras consequências de sua escolha jamais deixaram o seu lar ou o seu coração. Na verdade, os seus filhos seguiram os seus passos, dando continuidade ao seu legado de impureza sexual. Aquele que cede à tentação da luxúria realmente sofrerá... e também a sua descendência.

Em terceiro lugar, a incapacidade de evitar tentações sexuais é clara evidência de que falta bom senso. Salomão comparou a tentação a "fogo" e "brasas" (Pv 6.27,28). Somente um tolo tentaria colocar uma chama aberta no bolso de sua camisa, ou ficar em pé sobre brasas ardentes. Similarmente, somente um tolo conservaria por perto algo que ameaça acabar com a sua vida.

Reflexões

Salomão ofereceu várias razões universais para evitar a tentação sexual: estas razões se aplicam a todas as pessoas. Quais razões para evitar a tentação sexual são especialmente relevantes para você, com base no seu temperamento, nos seus desafios, perspectiva e posição na vida?

Dia 5: Provérbios 6
Consequências Duradouras

Salomão concluiu este comentário sobre a tentação sexual, considerando consequências adicionais. Ele observou que, quando um homem rouba para não passar fome, muitas pessoas são solidárias com a situação. Ainda assim, a solidariedade não remove a necessidade de justiça. A sua comunidade pode lamentar a sua decisão desesperada, mas não perdoará o seu pecado nem ignorará o direito que a vítima tem de receber completa restituição, *multiplicada por sete!* O que Salomão quer dizer: se a sua comunidade aplica a justiça no caso de um crime compreensível, imagine a severidade com que punirá o ato incompreensível e desprezível do pecado sexual com a esposa de outro homem! A reação será rápida e severa. Lembre-se, naqueles tempos, a punição para o adultério era a morte por apedrejamento.

Hoje, na era da graça, Deus adiou a punição pelo pecado até a volta do seu Filho, no fim dos tempos, quando toda a humanidade comparecerá diante dEle, para ser julgada. Portanto, se você está "em Cristo", a punição da justiça já foi paga pelo nosso Salvador. As consequências temporais pelo pecado, no entanto, permanecem, e essas consequências podem incluir a ira da sua comunidade mais próxima e menos clemente. Além disso, "[A pessoa adúltera] achará castigo e vilipêndio, e o seu opróbrio nunca se apagará" (6.33). Uma consciência culpada pode ser terrível.

Muito frequentemente, a palavra traduzida como "castigo" se refere às feridas e consequentes cicatrizes causadas por uma doença. "Vilipêndio" deriva de uma palavra que se refere aos insultos de um inimigo ou ao escárnio de pessoas honestas, após um escândalo. Estas linhas descrevem uma reputação destruída e a perda total da confiança da comunidade. Esta traição suprema lança dúvidas sobre a credibilidade do adúltero, em qualquer contexto.

Observe, também, outra consequência potencial: a ira do cônjuge traído!

Porque furioso é o ciúme do marido;
e de maneira nenhuma perdoará no dia da vingança.

Nenhum resgate aceitará, nem consentirá,
ainda que multipliques os presentes. (6.34,35)

As feridas podem ser curadas, mas as cicatrizes nunca desaparecem completamente. A graça de Deus é abundante, mas a vergonha persegue a pessoa arrependida, como uma sombra escura. E há poucas emoções tão poderosas, tão prejudiciais ou tristes como o arrependimento ("Se pelo menos eu não tivesse..."). Assim, não seja presa da tentação! Não permita que o seu legado se torne uma lista de arrependimentos!

A minha esperança é de que todas essas repercussões potenciais convençam as pessoas tão veementemente contra o pecado sexual que todos nós o julguemos como algo inimaginável. Mas, infelizmente, alguns ainda cairão. Muitos flertarão com a tentação, pensando que são suficientemente fortes, suficientemente sábios, ou suficientemente espertos, para evitar o pecado, mas a tentação é um caminho escorregadio que leva à destruição! Assim, decida hoje não se concentrar em evitar o pecado. Em vez disso, concentre-se em evitar a *tentação*.

Reflexões

Pense na tentação mais preocupante ou difícil que você enfrenta. Faça uma lista das consequências que poderia sofrer, se fraquejasse. Algumas consequências são mais prováveis que outras, mas inclua todas na lista. Classifique-as em ordem de gravidade. Conserve a lista à mão, para quando você enfrentar essa tentação outra vez.

Semana 12 • Provérbios 6, 13, 16, 20, 21

A Engrenagem da Procrastinação

*Vai ter com a formiga, ó preguiçoso;
olha para os seus caminhos e sê sábio.
A qual, não tendo superior,
nem oficial, nem dominador,
prepara no verão o seu pão;
na sega ajunta o seu mantimento.
Ó preguiçoso, até quando ficarás deitado?
Quando te levantarás do teu sono?
Um pouco de sono, um pouco tosquenejando,
um pouco encruzando as mãos, para estar deitado,
assim te sobrevirá a tua pobreza como um ladrão,
e a tua necessidade, como um homem armado.*
(Pv 6.6-11)

A alma do preguiçoso deseja e coisa nenhuma alcança, mas a alma dos diligentes engorda.
(13.4)

Confia ao Senhor as tuas obras, e teus pensamentos serão estabelecidos.
(16.3)

O coração do homem considera o seu caminho, mas o Senhor lhe dirige os passos.
(16.9)

Não ames o sono, para que não empobreças; abre os teus olhos e te fartarás de pão.
(20.13)

Os pensamentos do diligente tendem à abundância, mas os de todo apressado, tão-somente à pobreza.
(21.5)

Dia 1: Provérbios 6, 13, 16, 20, 21
MÁS INTENÇÕES

Pro•cras•ti•nar: Adiar intencionalmente e habitualmente... deixar para outra ocasião algo que deve ser feito. — *Webster's Collegiate Dictionary*, 11ª edição.

A maioria de nós conhece bem demais o significado dessa palavra, mas uma definição concisa ajuda a esclarecer o assunto. O procrastinador, normalmente, tem razões lógicas, desculpas válidas e explicações plausíveis para não agir. A definição direta do dicionário, no entanto, nos ajuda a deixar as desculpas de lado, e faz com que nos concentremos no problema principal: *O procrastinador não faz o que deve ser feito*. Ele diz, "Mais tarde", enquanto pensa, "Nunca". A realização vem amanhã, amanhã... sempre amanhã. "Um dia, vamos organizar esta garagem" quer dizer, na realidade, "Tudo o que eu decidir fazer hoje é mais importante do que organizar a garagem". As pessoas que procrastinam não têm planos definidos de alcançar o objetivo necessário. Elas simplesmente empurram o objetivo para a lama pegajosa do tempo indefinido, aquele pântano tenebroso em que todas as boas intenções afundam em meio a desculpas.

Sejamos honestos: a procrastinação é, verdadeiramente, uma mentira para nós mesmos. O fato é que temos um conjunto de prioridades e realmente realizamos aquilo que genuinamente consideramos importante. Na verdade, a maneira como passamos o nosso tempo revela, claramente, as nossas prioridades. Encontramos um problema quando nossas obras refletem um conjunto de prioridades pouco honroso. Assim, cobrimos nossas pegadas com desculpas e chamamos isso de "procrastinação". A situação na vida real é mais ou menos assim:

Um homem diz que a sua saúde é uma prioridade. Ele sabe que deveria dedicar, no mínimo, quarenta minutos por dia a alguma forma de exercício moderado, como caminhar ou andar de bicicleta. Em vez disso, passa esse tempo no sofá, assistindo televisão, comendo batatas fritas *assadas* e bebendo refrigerante *diet*. As suas escolhas revelam as suas prioridades. Na verdade, acredita que relaxar diante da televisão é uma maneira melhor de usar o seu tempo do que fazer exercícios. Como ele não consegue admitir plenamente para si mesmo as suas prioridades equivocadas, suaviza sua consciência com a ladainha do procrastinador: "Vou começar isso a sério amanhã".

Esta, por sinal, é a história real da vida de uma pessoa. Ele mal conseguiu sobreviver a um ataque cardíaco do tipo "cria viúvas". Hoje, não corre menos de 40 quilômetros a cada semana! Antes de seu encontro com a morte, não acreditava, realmente, que os exercícios físicos regulares são mais importantes que ver TV: ele apenas *dizia* isso. As consequências da sua procrastinação reorganizaram as suas prioridades. As suas palavras não mais discordam dos seus atos.

A sua engrenagem diária é a procrastinação? Não tenha medo. Os provérbios de Salomão estão vindo para o resgate!

Reflexões

Cite alguma coisa que você diz que é importante para a sua vida, mas que parece nunca consegui-la. Quão difícil é admitir que você não acredita, na verdade, que isso é uma prioridade? Por que você acha que isso acontece? O que teria que acontecer para que esse assunto chegasse a uma posição mais alta na sua lista de coisas "a fazer"?

Dia 2: Provérbios 6, 13, 16, 20, 21

SUBMETA OS SEUS CAMINHOS

A procrastinação pode parecer um governante opressivo, que não pode ser contradito ou confrontado. As suas cadeias parecem ser inquebráveis e o seu poder, absoluto. Felizmente, Salomão nos assegura de que temos tudo o que necessitamos para nos livrar, bem como um Advogado, que é o Todo-Poderoso e soberano Governante do universo. Veja o que Salomão descobriu:

Do homem são as preparações do coração, mas do Senhor, a resposta da boca. Todos os caminhos do homem são limpos aos seus olhos, mas o Senhor pesa os espíritos. Confia ao Senhor as tuas obras, e teus pensamentos serão estabelecidos. (16.1-3)

A capacidade de planejar é definitiva para a humanidade. O pensamento organizado é um dom de Deus, e uma maneira pela qual ostentamos a sua imagem. Alguns animais têm uma capacidade rudimentar de pensar e aprender ("Sente!", "Fale"), mas, de modo geral, as criaturas do reino animal vivem segundo seus instintos. Elas simplesmente fazem o que a sua natureza animal lhes dita. Nós, seres humanos, por outro lado, temos a notável capacidade de pensar, de planejar nossos futuros e de alterar o nosso ambiente, para que possamos realizar os nossos objetivos. Cavalos não podem fazer isso. Nem coelhos. Nem galinhas. Você e eu podemos, e devemos.

Segundo Provérbios 16.1, temos a capacidade de definir prioridades e fazer planos em conformidade com tais prioridades, mas não podemos fazer com que os nossos atos correspondam às nossas palavras, sem a ajuda de Deus. É por isso que Salomão reconhece que as nossas ações, palavras e prioridades não combinam.

Nós aliviamos nossas agitadas consciências com promessas de fazer o que dizemos que é importante, mas Deus conhece os nossos verdadeiros motivos. Na verdade, Ele nos conhece muito melhor do que conhecemos a nós mesmos.

Salomão nos recomendou que deixássemos de depender da nossa própria força de vontade para realizar importantes tarefas ou para cumprir responsabilidades cruciais. Em vez disso, devemos ser brutalmente honestos conosco e com Deus, ao considerar nossas prioridades. Ele pode modificar nossos corações, para que aceitemos as prioridades que deseja para nós. Ele pode nos motivar e nos capacitar a fazer o que é correto, e pode facilitar nossas ações para que façamos a sua vontade.

Reflexões

Atualmente, qual é o desafio mais difícil que você enfrenta, ou a responsabilidade mais importante que tem? Estabeleça um plano com etapas de ação claramente definidas e mensuráveis. Inclua-o na oração diária: peça a capacitação de Deus e submeta o seu plano ao seu controle soberano.

Dia 3: Provérbios 6, 13, 16, 20, 21

EXAMINE O SEU CORAÇÃO

Dois adversários rivais disputam o controle de nossos corações: a Preguiça e a Diligência. Presos em uma luta amarga, uma luta de tudo-ou-nada pela dominação, cada um deles usa as suas armas mais eficazes para nos seduzir, com o objetivo de nos levar a tomar partido contra o outro. A Preguiça cobiça, mas não realiza nada. Não conclui nada. Ela adia: "Talvez amanhã". Ela tenta nos convencer de que as consequências da inatividade são insignificantes e possíveis de controlar. Ela comemora os benefícios do descanso e do relaxamento, e a importância de desfrutar a vida agora, em vez de sempre nos sacrificarmos pelo futuro.

Mas e a Diligência?

> O que trabalha com mão enganosa empobrece, mas a mão dos diligentes enriquece. (10.4)

> A alma do preguiçoso deseja e coisa nenhuma alcança, mas a alma dos diligentes engorda. (13.4)

> Trabalhar por ajuntar tesouro com língua falsa é uma vaidade, e aqueles que a isso são impelidos buscam a morte. (21.6)

A evidência bíblica é clara, então, por que nós nem sempre descartamos a Preguiça e ficamos do lado da Diligência? Por que a procrastinação parece ser a opção mais atraente? Eu tenho pensado muito sobre isso. Aqui estão as explicações mais possíveis de se acreditar:

Nós podemos ter estabelecido objetivos que são insensatos ou não realistas.

Nós podemos ter esquematizado um curso de ação que parece razoável, mas não estamos plenamente convencidos de que ele pode funcionar. Por exemplo, um autor pode ter um prazo para escrever um livro em seis semanas. Ele delineia qual o progresso que deve fazer a cada dia. A sua matemática está inquestionavelmente correta, e ele não tem certeza de que consiga cumprir o prazo. Mas um prazo é um prazo, e por isso ele mergulha no trabalho, esperando que o esforço extra o ajude a realizar o improvável. Lá no fundo de seu coração, no entanto, ele sabe que o desafio não é realista nem razoável. Ele não consegue se entusiasmar com um plano duvidoso.

Se você está procrastinando, dê uma boa olhada no seu plano. Talvez o melhor curso de ação seja ajustar as suas expectativas e tornar as exigências mais razoáveis. Naturalmente, nem sempre você terá esse tipo de flexibilidade. Quando possível, no entanto, tenha uma abordagem mais realista para alcançar o seu objetivo de longo prazo.

Nós podemos ter tentado fazer algo que não era a vontade de Deus.
Podemos ter decidido buscar um objetivo que todos apoiam como admirável e digno, mas nos falta a certeza de que é o plano de Deus para nós. Por exemplo, uma jovem vê uma grande necessidade de médicos missionários na África, e por isso faz planos para obter a instrução necessária. Ela é extremamente brilhante e entende tudo em suas aulas no curso preparatório para a faculdade de medicina, mas luta com o desejo de concluir suas tarefas. Ela ocupa o seu tempo com atividades extracurriculares, de modo que muitas pessoas afirmam que essas atividades tiram muito tempo de seus estudos.

A propósito, esta é uma história verdadeira. Acontece que essa mulher fora escolhida por Deus para um tipo diferente de ministério. Agora, ela está concluindo um vigoroso treinamento em um instituto bíblico, para se tornar uma conselheira cristã, um objetivo que ela busca com diligência e paixão.

A sua procrastinação pode ser falta de entusiasmo por um objetivo que, no fundo, sabe que não faz parte do plano de Deus para você.

Podemos não crer, verdadeiramente, que vale a pena buscar os nossos planos, apesar do consenso da sabedoria, em contrário.
Ontem, eu contei a história verdadeira de um homem que adiava os exercícios físicos porque, na verdade, isso não era uma prioridade para ele. Ele sabia que deveria ser, mas simplesmente não era. Sobreviver a um ataque cardíaco que poderia tê-lo matado mudou tudo. A sua experiência de quase-morte reorganizou as suas prioridades, e, de repente, ele percebeu a importância de fazer exercícios físicos várias vezes por semana.

Se você realmente não acredita que vale a pena buscar uma ação, pelo menos tenha a integridade de dizer isto, ainda que dizê-lo em voz alta pareça tolice.

Vá em frente, livre-se da enrascada, e admita, "Eu não acredito que _____ seja o melhor uso para o meu tempo". Então, se entregue às suas verdadeiras intenções. Se elas consistirem em sentar-se no sofá, comendo batatas fritas e bebendo refrigerante, então faça um plano e siga-o. Apenas lembre-se de que as escolhas têm consequências — e não apresente desculpas quando tiver que colher aquilo que plantou.

Nós sabemos o que *deveríamos* ter como prioridades máximas. Mas faça uma lista de pelo menos cinco das suas *verdadeiras* prioridades máximas, mesmo que pareçam tolice, quando ditas em voz alta. Então, examine a maneira como passa o seu tempo livre e o dinheiro que tem para gastar como quiser. Esta informação apontará para as suas verdadeiras prioridades. Você está disposto(a) a divulgar essa informação?

Dia 4: Provérbios 6, 13, 16, 20, 21

UMA GRANDE LIÇÃO... VINDA DE UMA PEQUENA CRIATURA

Tendo estabelecido que a humanidade traz a imagem de Deus, e possui a capacidade de tomar decisões, estabelecer planos, e então, alterar nosso ambiente para realizar nossos objetivos, Salomão recorre à natureza para uma lição muito necessária. Ele nos leva a um passeio por um formigueiro, para descobrirmos algumas verdades a respeito da motivação e da diligência:

> Vai ter com a formiga, ó preguiçoso;
> olha para os seus caminhos e sê sábio.
> A qual, não tendo superior,
> nem oficial, nem dominador,
> prepara no verão o seu pão;
> na sega ajunta o seu mantimento.
> Ó preguiçoso, até quando ficarás deitado?
> Quando te levantarás do teu sono?
> Um pouco de sono,
> um pouco tosquenejando,

um pouco encruzando as mãos,
para estar deitado. (6.6-10)

Ai! Salomão nos instrui — gigantes, em comparação com estas minúsculas criaturas de seis pernas — dizendo que devemos nos curvar e aprender com as formigas. E que lições elas têm a ensinar! Estas pedagogas em miniatura exemplificam vários princípios valiosos:

- As formigas trabalham para a sobrevivência da colônia, uma motivação convincente.

- As formigas sabem o que devem fazer; elas não precisam de um superintendente que as incite.

- As formigas fazem *primeiro* aquilo que é essencial, para que possam descansar *depois*.

- As formigas trabalham sem banda de música ou aplausos.

As formigas, individualmente, conhecem o seu dever, e a sua motivação é clara: sobrevivência. Isto as conserva ocupadas, apesar da falta de recompensas de curto prazo. Salomão advertiu que se não nos tornarmos pelo menos tão sábios quanto uma formiga... "te sobrevirá a tua pobreza como um ladrão, e a tua necessidade, como um homem armado" (6.11). Os procrastinadores, no entanto, não acreditam, verdadeiramente, que quaisquer consequências se apliquem a eles.

Reflexões

Ontem, você compilou uma lista de suas prioridades verdadeiras. Hoje, cite, pelo menos, cinco prioridades que acha que devem estar no topo de sua lista. Agora, ao lado de cada uma delas, descreva as consequências de negligenciar essas prioridades. Cite também a pessoa que sofrerá essas consequências negativas. Essas consequências são aceitáveis para você?

Dia 5: Provérbios 6, 13, 16, 20, 21

RECOMPENSAS PELO CAMINHO

Tendo considerado a procrastinação, a motivação, a diligência e as consequências, Salomão e outros homens sábios escreveram as seguintes linhas de incentivo:

> A esperança dos justos é alegria, mas a expectação dos ímpios perecerá. (10.28)
>
> A esperança demorada enfraquece o coração, mas o desejo chegado é árvore de vida. (13.12)
>
> O desejo que se cumpre deleita a alma, mas apartar-se do mal é abominação para os loucos. (13.19)

Estes sábios hebreus reconheciam a dificuldade de adiar a gratificação. Eles eram pessoas como nós, cujos corações ficam "doentes" quando são forçados a deixar desejos em compasso de espera. Eles, também, desejavam a recompensa imediata da procrastinação, em vez de ter que se sacrificar para ganhar as recompensas da diligência. Eles, como nós, se cansavam, trabalhando um dia após o outro para criarem um bom futuro para si mesmos. Eles, como todas as pessoas, lutaram para manter um equilíbrio entre desfrutar o hoje e planejar para o amanhã. Como reconheciam o desejo universal de viver tranquilamente, os sábios de Israel alimentavam uma robusta sensação de esperança. Quando você tem esperança, traz uma pequena parte da satisfação futura para o hoje. Quando tem esperança, imagina a satisfação que sentirá quando a sua diligência começar a ser recompensada.

Quando tenho uma grande tarefa a realizar, planejo um período de férias que começará logo depois que eu cumprir o prazo final. Isso me dá uma espécie de recompensa pela minha diligência. Por exemplo, eu posso planejar passar uma semana no Kauai depois de vários meses de trabalho intenso, planejando, estudando, escrevendo e editando um livro importante. (A propósito, não permito que nada do que faço para o ministério pelo rádio ou por meio dos livros me afaste de meus deveres normais como pastor presidente da Stonebriar Community Church).

Enquanto completo, diligentemente, o manuscrito, desesperadamente desejando desistir, às vezes, eu me imagino relaxando em uma varanda, com os pés para o alto, bebendo uma bebida gelada, lendo um bom livro e desfrutando da gentil brisa do oceano e do som do surfe.

Isso funciona tão bem, na verdade, que estou inspirado a começar a escrever outro capítulo hoje!

Reflexões

Que tarefa longa, difícil, desagradável, você deve completar? Faça uma lista dos benefícios de concluir essa tarefa no devido tempo, e com excelência, com uma atitude positiva. Por causa dos muitos deveres, os benefícios podem demorar algum tempo. Assim, como você pode recompensar a si mesmo, pelo caminho... e imediatamente após a conclusão?

Semana 13 • Provérbios 24

A Engrenagem da Desarmonia no Lar

*Com a sabedoria se edifica a casa,
e com a inteligência ela se firma;
e pelo conhecimento se encherão as câmaras
de todas as substâncias preciosas e deleitáveis.*
(Pv 24.3,4)

Dia 1: Provérbios 24

Sofrendo, mas não em Silêncio

De todas as engrenagens que erodem a nossa paz, nenhuma é mais incômoda, mais esgotadora, mais dolorosa que a desarmonia no lar. Rivalidades sarcásticas. Humilhações dolorosas. Olhares petrificantes. Silêncio ensurdecedor. Explosões voláteis de ira. Ocasionalmente, brutalidade emocional e violência física. Uma televisão que vocifera na sala de estar. Uma pilha de pratos sujos na pia. Portas que batem. Sentimentos desesperadores de solidão. Talvez até mesmo nuvens escuras de temor e terror. Infelizmente, algumas dessas frases podem descrever a situação em que você vive. Se for esse o caso, você não está sozinho. Na verdade, Salomão e outros homens sábios de Israel conheciam a tristeza e a angústia da discórdia doméstica. Eles escreviam por experiência pessoal:

> Grande miséria é para o pai o filho insensato,
> e um gotejar contínuo, as contenções da mulher. (19.13)

> Melhor é morar numa terra deserta
> do que com a mulher rixosa e iracunda.
> Tesouro desejável e azeite há na casa do sábio,
> mas o homem insensato o devora. (21.19,20)

> O vento norte afugenta a chuva,
> e a língua fingida, a face irada.
> Melhor é morar num canto de umas águas-furtadas
> do que com a mulher rixosa numa casa ampla.
> (25.23,24)

Esses autores eram homens, e naturalmente escreviam da perspectiva do marido. Ainda assim, os princípios funcionam para homens e mulheres que estão tentando manter uma casa pacífica e produtiva. Como qualquer esposa cansada pode testemunhar: "Melhor é morar num canto de umas águas-furtadas do que com *o homem* rixoso numa casa ampla".

É possível que você tenha chegado ao ponto em que procura desculpas para ficar fora de casa, ou tenta se manter ocupado em alguma outra parte da casa, tanto quanto possível. Talvez você se pergunte o que pode ser feito para restaurar a harmonia, para modificar as coisas. Você pode pensar que a mudança é impossível, mas tenho uma boa notícia: não é. As soluções para a desarmonia no lar não são fáceis nem automáticas, mas você não precisa meramente suportar em silêncio.

Reflexões

Descreva o ambiente emocional do seu lar. Quem define o tom geral? Como esse tom impacta os membros mais jovens da casa, e como eles reagem? Quanta influência você acha que tem na formação do ambiente emocional?

Dia 2: Provérbios 24
A Fundação

A engrenagem da desarmonia doméstica pode ser a mais estressante de todas. Afinal, o lar deveria ser um lugar de descanso e segurança, um refúgio das tensões e perigos do mundo. Para muitas pessoas, no entanto, o lar é um campo de batalha, onde acontecem as mais intensas batalhas do dia.

Ao considerarmos as possíveis soluções para esse problema diário, recorremos aos sábios de Israel, que descreveram três ingredientes essenciais que convertem uma casa em um lar. A esperança é que o patriarca e a matriarca, juntos, estabeleçam a sua união sobre esta fundação, e sobre ela edifiquem a sua casa e a sua família.

Leia novamente Provérbios 24.3,4. Vamos examinar um dos três elementos em cada um dos próximos três dias.

1. Com a sabedoria se edifica a casa.

O verbo hebraico *hakam*, "ser sábio," e seus derivados, são os verbos mais usados para indicar inteligência. Este tipo de sabedoria se refere à percepção com discernimento. A palavra hebraica original enfatiza a exatidão, bem como a capacidade de perceber o que está abaixo da superfície. A sabedoria se recusa a simplesmente deslizar pela superfície e ignorar o que está no fundo. A sabedoria penetra. Este tipo de sabedoria também representa uma maneira de pensar e uma atitude que resultam em uma vida prudente e sensata.

Esta variedade de sabedoria, no entanto, vai além da mera racionalidade e sensibilidade. Como explica um comentarista: "A sabedoria do [Antigo Testamento], no entanto, é bastante diferente de outras perspectivas antigas... Refletido na sabedoria do [Antigo Testamento] está o ensinamento de um Deus pessoal, que é santo e justo, e que espera que aqueles que o conhecem exibam o seu caráter nas muitas questões práticas da vida".[6] Esta é uma distinção crucial! Uma casa deve ser edificada sobre a obediência a Deus, em cada experiência prática humana da vida. Um lar deve ser edificado sobre a decisão de papai e mamãe terem as suas ações adequadas ao plano de Deus.

Se quisermos pensar na casa como uma estrutura, essa variedade de sabedoria é a base. Se o marido e a esposa não estabelecerem o seu casamento sobre um compromisso de conhecer a Deus pessoalmente, e traduzir o seu relacionamento com Ele na vida prática, a sua família e a sua casa não serão estáveis.

Desde muito cedo em nosso casamento, minha esposa Cynthia e eu assumimos um compromisso. Em um momento muito solene, no minúsculo apartamento 9 no campus do Dallas Theological Seminary, nós concordamos mutuamente: "Tudo o que a Bíblia disser, nós faremos".

Se alguma vez discordamos em alguma coisa, consultamos as Escrituras, não como meio de coagir um ao outro, mas com um espírito de busca do pensamento de Deus — permitindo que a Palavra dEle seja o nosso desempate.

O nosso casamento está longe de ser perfeito, mas nós temos uma boa parceria. A nossa casa, com os nossos quatro filhos, não deixou de ter problemas importantes em algumas ocasiões, mas esse compromisso — estou convencido — salvou o nosso lar da autodestruição e deu aos nossos filhos uma plataforma estável de onde podem iniciar as suas próprias vidas.

Reflexões

Na situação ideal, os cônjuges deveriam assumir esse compromisso juntos, mas isso nem sempre é possível. Ainda assim, nada impede de que você assuma este tipo de compromisso como o único chefe da família ou como um dos cônjuges em um casamento. Dedique agora algum tempo para lançar esta fundação na sua própria vida. Medite sobre este compromisso durante o resto do dia de hoje.

Dia 3: Provérbios 24

TRABALHO EM EQUIPE

Ontem, nós vimos a fundação de uma casa estável: a primeira camada é a sabedoria, da palavra hebraica *hakam*. Este tipo de sabedoria é o comprometimento em traduzir o nosso conhecimento de Deus e seus caminhos na vida prática. Nós nos dedicamos a tomar decisões que cumpram os seus planos para a nossa vida, para a nossa casa e para o mundo.

Sobre essa fundação, os sábios edificam a estrutura, por meio do entendimento.

2. Com a inteligência ela se firma.

A palavra hebraica para "inteligência" é *tebuna,* que se refere à inteligência ou ao discernimento. Esta palavra descreve a nossa capacidade de observar, obter conhecimento e então discerni, para idealizar um plano ou tomar uma decisão. Como declaramos antes, fazemos o nosso dever de casa, investigamos, buscamos múltiplas perspectivas, usamos a lógica do bom senso, e então formulamos ideias.

A palavra hebraica traduzida como "firmar" transmite a ideia de formar algo, ao longo do tempo. A raiz da palavra quer dizer "estar firme", embora o contexto sempre envolva formação. Frequentemente, a ideia de preparação é primária. Como afirma um dicionário: "O significado da raiz é fazer com que algo exista, com a consequência de que a sua existência seja uma certeza".[7]

Com a combinação dos termos, vemos o processo e o progresso acontecendo. O entendimento — ou a inteligência — é o conhecimento que vem como resultado do estudo. É progressivo: ele aumenta com o tempo, uma vez que as lições são aprendidas com os erros, e o sucesso se edifica sobre vitórias passadas. À medida que o entendimento se desenvolve, a casa passa a existir. Se continuarmos com a nossa metáfora de construção, o entendimento erige os muros, coloca o telhado no lugar, e instala tudo o que é necessário para que a casa possa ser habitada.

Em termos de aplicação, sugiro que isto descreve os meios práticos e profissionais de provisão e segurança para a casa. A existência da casa se torna uma certeza quando pai e mãe desempenham as suas respectivas funções para terem uma renda confiável e protegerem a casa. Este tipo de entendimento cuida das necessidades práticas da família. Um lar é estabelecido quando cada membro da família faz, fielmente, o que deve fazer, quando cada um cumpre a sua responsabilidade.

Quando um ou mais membros da família não fazem o que deve ser feito, a casa sofre. O resultado é o conflito. O temor e o ressentimento passam a residir na casa, causando atritos e criando fissuras. A própria existência do lar fica ameaçada.

Reflexões

Faça uma lista de todas as pessoas de sua casa e descreva as responsabilidades que lhes foram designadas. Essas tarefas são apropriadas para a idade de cada membro, são razoáveis, distribuídas de maneira justa, e claramente entendidas por todos? O que faz com que todos sejam responsáveis? Quão bem a sua casa funciona, em um sentido prático? Vocês são verdadeiramente uma família ou um grupo de personagens que vivem sob o mesmo teto? Explique o motivo.

Dia 4: Provérbios 24

RELACIONAMENTOS RICOS

Vamos rever a analogia da construção. A sabedoria lançou uma sólida fundação para o lar, e os líderes da casa estão comprometidos em fazer da Palavra de Deus o seu procedimento padrão. Sobre essa fundação, se ergue a estrutura doméstica. Graças ao entendimento habilidoso dos adultos, as necessidades práticas de um lar são atendidas, e a casa assume forma.

Uma casa, no entanto, não é um lar. Um lar precisa de pessoas que ocupem os cômodos.

3. Pelo conhecimento se encherão as câmaras de todas as substâncias preciosas e deleitáveis.

A palavra hebraica para conhecimento se baseia na palavra *yada*, "conhecer", e yada se refere ao entendimento com discernimento. É possível obter esse tipo de conhecimento por meio de uma experiência pessoal e íntima com um assunto. O Antigo Testamento usa *yada* para descrever o conhecimento penetrante que Deus tem de cada pessoa (Gn 18.19; Dt 34.10; Is 48.8; Sl 1.6; 37.18). As Escrituras também usam esta palavra, com referência à relação sexual, porque, em relacionamentos normais e saudáveis, cada membro do casal ganha conhecimento exclusivo e especial do outro (Gn 4.1; 19.8; Nm 31.17,35). Em muitos contextos, *yada* indica a capacidade de usar a experiência de discernir entre duas alternativas (Gn 3.5, 22; Dt 1.39; Is 7.15), uma capacidade que os "pequenos" não têm. Em outras palavras, o conhecimento é o aprendizado com percepção. Nós obtemos conhecimento quando temos um espírito que pode ser ensinado, uma disposição para ouvir, e uma curiosidade saudável. O conhecimento sempre busca a verdade.

O provérbio acima diz que a casa será cheia de "todas as substâncias preciosas e deleitáveis", o que pode ser uma referência literal à riqueza do material de construção. Considerando, no entanto, a natureza altamente simbólica do provérbio, uma interpretação figurada faz mais sentido. Em outras obras da literatura de sabedoria, as riquezas são a busca de menor importância; as prioridades da sabedoria são, em primeiro lugar, a obediência a Deus, e, em segundo, a harmonia de uns com os outros. Todo o resto está em um distante terceiro lugar. Eu sugiro, portanto, que essas riquezas são as pessoas da casa.

Uma aplicação prática deste provérbio tem que ver com relacionamentos. Afinal, o conhecimento obtido com o tempo equipa os membros da família para que possam lidar, uns com os outros, de maneira sábia, razoável, justa e misericordiosa. Nós descobrimos, uns aos outros — nossos temperamentos, aptidões, qualidades, fraquezas, falhas, dons e preferências — para ajudar, uns aos outros. Em vez de revidar e levar para o lado pessoal os comentários, usamos o discernimento conquistado pela experiência para responder, de maneira construtiva. O nosso principal objetivo é nos tornarmos agentes responsáveis dos caminhos de Deus e do seu plano e, assim, ajudar cada membro da casa a alcançar sucesso.

Reflexões

Quão bem você conhece os outros membros da sua casa? Eu quero dizer, *realmente*, conhecê-los? Durante a próxima semana, faça um estudo de cada pessoa. Não se concentre nos aspectos negativos; isso é óbvio e fácil. Em vez disso, proponha perguntas de respostas abertas sobre o que eles gostam e não gostam, quais são os seus planos para o futuro, o que lhes provoca medo, o que eles esperam e sonham se tornar. Observe cada pessoa, para descobrir talentos ocultos, interesses ou habilidades. Registre por escrito as suas descobertas.

Dia 5: Provérbios 24

COMECE ONDE VOCÊ ESTIVER

Com a fundação lançada pela sabedoria, a casa construída pelo entendimento e o lar repleto com o conhecimento, temos todos os ingredientes necessários para o cultivo de uma casa feliz, próspera, emocionalmente segura e espiritualmente rica. Este é o ideal de Deus para cada casa, começando pelo casamento. O seu lar pode não ter incorporado os três materiais de construção essenciais — sabedoria, entendimento, e conhecimento — e pode ter estado doente durante vários anos. E você pode estar se perguntando: *O que pode ser feito agora?*

Eu descobri, há muitos anos, que nunca é tarde demais para começar a fazer o que é certo. Com Deus, nada é impossível. Hoje, vamos comentar como esses três elementos de um bom lar podem ajudar a aliviar a engrenagem da desarmonia do lar. Ao fazermos isso, deixe-me encorajá-lo a pensar apenas em suas próprias atitudes e comportamento. Você não pode controlar outras pessoas, nem obrigá-las a fazer o que Deus ordena, mas, se você alterar as suas próprias reações, ficará surpreso com o efeito profundo que isso pode causar nas outras pessoas.

1. Com a sabedoria se edifica a casa. (v. 3)

Comece com um comprometimento pessoal de conhecer a Deus, estudar os seus caminhos, descobrir o seu plano para a vida diária, e deixar que esse relacionamento seja o seu guia, em todos os assuntos. A esperança é que outras pessoas se unirão a você. Se você é casado, converse sobre isso com seu cônjuge e compartilhe o seu desejo de fazer deste compromisso uma parte intencional do seu casamento. Independentemente da resposta que você receber, decida lançar esta fundação crucial. Isso pode apenas melhorar o clima emocional de sua casa.

2. Com a inteligência ela se firma. (v. 3)

A palavra traduzida como "firmar" também pode querer dizer "colocar em ordem". Em muitos contextos, a palavra expressa a ideia de colocar algo de volta na posição vertical, restaurando algo que antes estava apoiado, caindo ou torcido. No nosso contexto, o tipo de entendimento exigido envolve as responsabilidades práticas de administrar uma casa — gerar a renda, manter os bens, conservar tudo em funcionamento, e tomar razoáveis precauções contra perdas. Todos devem contribuir com alguma coisa para a administração da casa, naturalmente, com base na habilidade. Responsabilidades claramente definidas, seguidas por uma respeitosa responsabilidade, podem fazer muita coisa para reduzir a tensão interpessoal. Decida cumprir as suas próprias responsabilidades sem falhar, e sem esperar recompensa ou reconhecimento. Conceda aos outros a mesma dignidade.

3. Pelo conhecimento se encherão as câmaras de todas as substâncias preciosas e deleitáveis. (v. 4)

Quando Salomão escreveu estas palavras, usou um termo que pode significar "satisfação eternamente abundante". A busca constante da verdade faz com que isso aconteça. E aquelas "substâncias preciosas e deleitáveis"? Essas seriam as coisas duradouras. Para citar apenas algumas: lembranças felizes; atitudes positivas e íntegras; sentimentos de afirmação, aceitação e estima; respeito mútuo; bons relacionamentos; e caráter piedoso.

Outras pessoas — mesmo na sua própria família — podem não ver o valor e a importância disso. Você vê. Sem fazer um espetáculo, comece uma incansável busca para aprender a respeito de outras pessoas da sua casa. Use este conhecimento para afirmar e encorajar, sempre que possível. Convenhamos: no princípio, você pode ver muito mais o negativo que o positivo. No entanto, insistir no negativo nunca ajudou a ninguém, por isso faça das pequenas migalhas de positivo o seu foco.

O seu lar está começando a se deteriorar? Às pessoas que vivem no lar falta um espírito de equipe, um compromisso mútuo com os relacionamentos? Uma vez que você não pode obrigar outras pessoas a mudar, concentre-se em modificar você mesmo. Comece a demonstrar sabedoria, entendimento e conhecimento, aqueles três ingredientes que podem transformar uma casa praticamente em escombros em um lar com propósitos e harmonia.

Reflexões

Que impacto você espera que a sabedoria, o entendimento e o conhecimento tenham sobre a sua casa? Transforme isso em um experimento. Introduza lentamente esses elementos, sem explicação, e registre as reações dos outros. Acompanhe o progresso da casa durante várias semanas ou meses.

Semana 14 • Provérbios 9, 10, 16, 19, 21

A ENGRENAGEM DA SUBMISSÃO À SOBERANIA

*O temor do Senhor é o princípio da sabedoria,
e a ciência do Santo, a prudência.
Porque, por mim, se multiplicam os teus dias,
e anos de vida se te acrescentarão.*
(Pv 9.10,11)

*O Senhor não deixa ter fome a alma do justo,
mas o desejo dos ímpios rechaça.*
(10.3)

*O caminho do Senhor é fortaleza para os retos,
mas ruína virá aos que praticam a iniquidade.*
(10.29)

*Sendo os caminhos do homem agradáveis ao Senhor,
até a seus inimigos faz que tenham paz com ele.*
(16.7)

*Muitos propósitos há no coração do homem,
mas o conselho do Senhor permanecerá.*
(19.21)

*Como ribeiros de águas,
assim é o coração do rei na mão do Senhor;
a tudo quanto quer o inclina.*
(21.1)

Dia 1: Provérbios 9, 10, 16, 19, 21

DIREITO DIVINO

À primeira vista, esta lista de provérbios do Antigo Testamento pode parecer uma confusão de pensamentos aleatórios. Um exame mais atento, no entanto, revela um tema comum, que temos a tendência de negligenciar ou ignorar, e que é o tema da absoluta soberania de Deus sobre a sua criação. Com *soberania*, eu me refiro ao direito que Deus tem como o Rei do universo, de governar como Ele julgar adequado — sem questionamentos, limitações, prestações de contas ou resistências.

A soberania é um conceito difícil de entender na nossa era de democracia e de domínio da lei. As civilizações antigas entendiam o conceito de soberania absoluta muito bem. Naqueles dias, os governantes governavam cada um à sua própria maneira, sem ter que consultar ninguém, e as suas decisões eram absolutas. Os reis não tinham que prestar contas a ninguém, e o código moral da terra era determinado pelo que eles declarassem ser certo e errado. Quando vizinhos tinham uma disputa, apresentavam seu caso diante do rei, que, então definia a questão, por qualquer padrão que escolhesse — ainda que esse padrão mudasse de um dia a outro, dependendo do seu humor. A sua decisão era final, a sua palavra se tornava lei. As pessoas tremiam diante de reis avarentos, egoístas e ignorantes, e ansiavam por governantes bondosos, generosos e sábios.

Naturalmente, o Soberano supremo é Deus. Enquanto um rei humano pode ser assassinado, derrubado, ou sofrer invasões, Deus não pode morrer, e não pode ser removido de seu trono. Ele não presta contas a ninguém. O seu governo é absoluto. As suas decisões são permanentes. O nosso código moral — a definição de certo e errado — é determinado pelo seu caráter justo e imutável. Todos devem estar em conformidade com o seu padrão, ou sofrer as consequências de sua rebelião. Felizmente, o nosso Rei onipotente é bom e gentil, misericordioso e paciente.

Os nossos problemas começam, no entanto, quando os nossos desejos entram em conflito com os de Deus, e nos recusamos a reconhecer a sua soberania, o seu direito de governar a sua criação.

Reflexões

A aceitação do direito absoluto e inquestionável de Deus de governar você é, em última análise, uma questão de confiança. Você confia em Deus? Quando a vontade e o caminho dEle entram em conflito com os seus próprios desejos, você confia nEle? Quão difícil você considera deixar de lado a sua própria percepção e raciocínio para dar a Ele o benefício da dúvida? Em sua opinião, qual é a influência dos seus relacionamentos humanos na sua confiança em Deus?

Dia 2: Provérbios 9, 10, 16, 19, 21

A PERSPECTIVA DIVINA

Uma vez que a nossa geração admira tanto a inteligência humana e a sabedoria mundana, a nossa tendência é dar às pessoas o louvor que somente Deus merece.

- Uma batalha é vencida — e nós penduramos medalhas nos veteranos.
- Um diploma é conquistado — e nós aplaudimos os formandos.
- Uma soma de dinheiro é doada — e nós gravamos os nomes dos doadores em uma placa.
- Uma organização continua tendo liquidez, em tempos difíceis — e nós concedemos um bônus ao seu diretor executivo.
- Um autor ou cientista faz uma notável contribuição — e nós o premiamos com o Pulitzer ou o Nobel.
- Um sermão atende a várias necessidades — e nós elogiamos o pregador.

Certamente, eu não objeto ao reconhecimento, nem mesmo à recompensa ou premiação da excelência. E não vejo nada de errado em demonstrar apreciação — com a condição de que reconheçamos aquEle que merece o crédito e demos a Ele a maior glória. Como Deus realiza a sua vontade de maneira tão silenciosa e, frequentemente, misteriosa, a sua soberania justa e amorosa pode ser facilmente ignorada, e isso é triste. Nós precisamos de uma maior percepção e apreciação do direito absoluto que Deus tem de governar a sua própria criação, bem como o seu reino bom e perfeito. Por quê? Porque, quando nos esquecemos de Deus, quando damos às pessoas muito crédito, a nossa visão do mundo fica distorcida.

Salomão, que foi — em termos humanos — o supremo monarca de Israel, apresentou algumas importantes verdades:

> O Senhor não deixa ter fome a alma do justo, mas o desejo dos ímpios rechaça. (10.3)

> O caminho do Senhor é fortaleza para os retos, mas ruína virá aos que praticam a iniquidade. (10.29)

O que Salomão quis dizer? Deus está no controle. Na verdade, Ele é a fortaleza invisível para os retos, aqueles que sinceramente desejam agradar a Deus e se submeter à sua autoridade. Ele é um obstáculo misterioso e invisível no caminho dos ímpios, aqueles que rejeitam, voluntariamente, a vontade de Deus e frustram intencionalmente os seus planos. Mas o governo soberano de Deus é tão completo que Ele realizará os seus objetivos e recompensará os fiéis, independentemente da oposição de quem quer que seja.

> Sendo os caminhos do homem agradáveis ao Senhor,
> até a seus inimigos faz que tenham paz com ele. (16.7)

Deus é tão poderoso que pode honrar aqueles que o agradam, mudando as atitudes dos que, antes, eram inimigos deles. Depois que tudo foi dito e feito — depois que os nossos planos foram elaborados, pensados, modificados, decididos e distribuídos — será o seu conselho que, em última análise, prevalecerá.

Reflexões

Com que frequência você pensa em Deus, em um dia normal, exceto domingo? Quanto a palavra de Deus influencia a sua perspectiva sobre os seus deveres diários e interações? Em outras palavras, se a

Bíblia fosse um par de lentes coloridas, qual seria a sua influência sobre a sua percepção diária de situações e relacionamentos? Até que ponto você consideraria de maneira diferente as ações das pessoas se você visse *tudo* sujeito à administração de Deus?

Dia 3: Provérbios 9, 10, 16, 19, 21
Alguns Pensamentos sobre a Soberania

Algumas pessoas consideram o conceito da soberania suprema e completa de Deus um pouco inquietante. Convenhamos, nós gostamos de nossa autonomia; sentimo-nos bem ao tomar nossas próprias decisões. Ainda assim, os sábios de Israel, escrevendo sob a orientação do Espírito Santo, afirmaram a autoridade suprema de Deus, para administrar o mundo como Ele julgar adequado, e independentemente da vontade humana:

> Como ribeiros de águas, assim é o coração do rei na mão do Senhor; a tudo quanto quer o inclina. (21.1)

Esta é uma copla comparativa: uma coisa é comparada a outra. A maioria das coplas comparativas termina com a comparação, e mais nada, mas este provérbio termina com uma declaração que oferece ao leitor um princípio atemporal. Observe a comparação: "Como ribeiros de águas, assim é o coração do rei na mão do Senhor". A sentença em hebraico não começa com "O coração do rei", mas "Como ribeiros". A palavra hebraica traduzida como "ribeiros" se referia a pequenos fossos de irrigação que se originavam de uma fonte principal — um reservatório — e seguiam para as planícies secas e sedentas, que precisavam de água. Em outras palavras: "Como os canais de irrigação que transportam água, é o coração do rei na mão do Senhor".

Qual é a mensagem? O coração do rei — o seu ser interior, a sua parte interna, que toma decisões — respira e transmite atitudes e políticas, decretos e leis. Como resultado, ele pode aparentar estar no controle, mas todo o assunto, do começo ao fim, silenciosa e soberanamente, está na mão soberana do Senhor.

Esta doutrina da soberania divina continua sendo uma grande controvérsia teológica, e continua polarizando muitos acadêmicos. Por um lado, a doutrina leva alguns teólogos à rejeição nervosa da ideia da soberania divina como um "fatalismo", uma visão de que todas as criaturas seguem, servilmente, um roteiro pré-ordenado, e se movem pela vida como autômatos, tendo apenas a ilusão da escolha. Outros estudiosos, no entanto, aceitam e afirmam o fatalismo, chamando-o de "soberania". Eles levam a doutrina da soberania divina a extremos inquietantes, descartando a viabilidade da liberdade humana, sugerindo que qualquer quantidade de autonomia humana compromete o governo soberano de Deus.

Na verdade, a Bíblia afirma tanto a soberania suprema de Deus *como* a responsabilidade dos indivíduos de fazerem escolhas sábias. Perguntado, certa vez, se conseguia conciliar essas duas verdades, C. H. Spurgeon respondeu: "Eu nem tentaria". "Eu nunca reconcilio amigos".[8] Certamente, Deus pode alterar as motivações de um indivíduo que quer se rebelar e Ele orientou, inquestionavelmente, os corações de reis, durante os séculos — Faraó (Êx 10.1,2), Tiglate-Pileser (Is 10.5-7), Ciro (Is 45.1-6), e Artaxerxes (Ed 7.21; Ne 2.18). Apesar disso, normalmente Deus não usurpa a vontade humana. Todos os eventos e atividades continuam sob o controle supremo e absoluto de Deus, mas Ele nos concede graus variáveis de liberdade para escolhermos o nosso caminho. A Bíblia declara a soberania de Deus sobre todos os detalhes da vida, mas as Escrituras —e, em particular, o livro de Provérbios — apelam continuamente para a nossa vontade, incentivando-nos a fazer escolhas sábias.

No final, independentemente da nossa visão da soberania divina e da responsabilidade humana, você pode ter certeza disto: cada um de nós comparecerá diante de Deus para explicar suas decisões, e nós deveremos aceitar as consequências de nossas escolhas. Quanto a este aspecto da soberania de Deus, não há dúvida nem discussão.

Reflexões

Deus é o seu Rei e Juiz, mas Ele lhe concede liberdade para fazer escolhas responsáveis. Como você considera a sua liberdade com relação à soberania de Deus? Como a realidade da soberania de Deus afeta a maneira como você toma decisões? Como a sua visão da soberania de Deus influencia a maneira como ora?

Dia 4: Provérbios 9, 10, 16, 19, 21

AUTORIDADE DADA POR DEUS

O rei Nabucodonosor teve o tipo de poder e privilégio que nenhum humano jamais havia vivenciado. Ele construiu um império que engoliu duas outras grandes civilizações, a Assíria e o Egito. Na época, ele controlava a maior do mundo. Segundo o testemunho escrito do homem, Nabucodonosor ficou intoxicado pela sua própria riqueza e poder. A sua posição como o homem mais poderoso da terra lhe deu uma perspectiva distorcida da vida e do mundo.

> Ao cabo de doze meses, andando [Nabucodonosor] a passear sobre o palácio real de Babilônia, falou o rei e disse: Não é esta a grande Babilônia que eu edifiquei para a casa real, com a força do meu poder e para glória da minha magnificência? Ainda estava a palavra na boca do rei, quando caiu uma voz do céu: A ti se diz, ó rei Nabucodonosor: Passou de ti o reino. E serás tirado dentre os homens, e a tua morada será com os animais do campo; far-te-ão comer erva como os bois, e passar-se-ão sete tempos sobre ti, até que conheças que o Altíssimo tem domínio sobre os reinos dos homens e os dá a quem quer. Na mesma hora, se cumpriu a palavra sobre Nabucodonosor. (Dn 4.29-33)

Durante um longo período de tempo, o grande rei sofreu de um distúrbio mental, chamado licantropia, que o levava a comportar-se como um animal selvagem. Não mais andando orgulhosamente sobre as suas realizações, agora ele se arrastava como um animal. No fim de seu tormento, o rei escreveu:

> Mas, ao fim daqueles dias, eu, Nabucodonosor, levantei os meus olhos ao céu, e tornou-me a vir o meu entendimento, e eu bendisse o Altíssimo, e louvei, e glorifiquei ao que vive para sempre, cujo domínio é um domínio sempiterno, e cujo reino é de geração em geração. E todos os moradores da terra são reputados em nada; e, segundo a sua vontade, ele opera com o exército do céu e os moradores da terra; não há quem possa estorvar a sua mão e lhe diga: Que fazes? (Dn 4.34,35)

Reflexões

Sem dúvida, você recebeu alguma soberania, sobre algum aspecto particular da vida, como um departamento no trabalho, no seu lar, etc. O que você fez, para merecer essa posição? Quanto da sua identidade ou da sua sensação de merecimento está conectado às suas realizações? Como o seu poder e privilégio influenciam o seu relacionamento com Deus?

Dia 5: Provérbios 9, 10, 16, 19, 21
SUBMISSOS À MEDIDA QUE SERVIMOS

E, segundo a sua vontade, ele opera com o exército do céu e os moradores da terra; não há quem possa estorvar a sua mão e lhe diga: Que fazes? (Dn 4.35)

Estas são as palavras de um rei poderoso — o homem mais rico e mais poderoso do mundo, naquela época — e ele está descrevendo a soberania de Deus, logo depois do seu encontro com a humildade. Nabucodonosor havia construído um império e conquistado grande parte do mundo antigo. A sua palavra era a lei para milhões de pessoas. Ele podia fazer praticamente qualquer coisa que desejasse. Não tinha que prestar contas a ninguém, a nenhum partido político, a nenhum eleitorado, a nenhuma instituição. Depois que o Senhor trabalhou em sua vida, no entanto, o rei terreno, que governava reis, descobriu um poder maior do que o seu. O maior soberano da terra percebeu que era apenas uma criatura impotente diante do soberano Rei dos céus.

O que é verdade, a respeito de Nabucodonosor e de todos os reis que seguiram os seus passos, continua sendo verdade hoje. Políticos, reis, tiranos, ditadores, presidentes, gerentes, supervisores, pastores, presbíteros, diáconos — grandes e pequenos líderes —todos devem reconhecer que estão sujeitos à soberania suprema de Deus. Quer os governantes gostem disso ou não, quer aceitem isso ou vivam em rebelião, Deus fará as coisas à sua maneira. Uma posição de privilégio, poder ou autoridade requer uma administração sábia e humilde. Como Deus lhe deu o dom da autonomia — um grau de liberdade na tomada de decisões

— você pode decidir desafiar a sua autoridade, ou tentar resistir à sua vontade soberana, mas tenho uma novidade para você — Deus não tem rival. Ele vencerá. Ele fará à sua maneira. Assim, se você está diante de um dia muito estressante, e submeter-se ao seu Senhor soberano não parece, assim, tão proativo ou produtivo, aceite o meu conselho: faça isso, mesmo assim. Você ficará satisfeito mais tarde. Talvez mais cedo.

Quando você se submete, quando se coloca sob a autoridade soberana de Deus, e busca a sua vontade e descobre o seu caminho, você se torna seu aliado. Como escreveram os sábios de Israel, há muitos séculos:

> Todos os caminhos do homem são limpos aos seus olhos, mas o Senhor pesa os espíritos. Confia ao Senhor as tuas obras, e teus pensamentos serão estabelecidos. (Pv 16.2,3)

Reflexões

Quais posições de privilégio, poder ou autoridade você ocupa, atualmente? Em quais contextos outras pessoas devem seguir a sua liderança? (Não se esqueça da família!) Qual é o propósito de cada organização ou grupo? Como o seu propósito pode servir ao plano geral de Deus para o mundo? Como esta possibilidade divina modifica a sua perspectiva como líder na organização?

Semana 15 • Provérbios
12, 13, 15, 18, 19, 22, 26

A ENGRENAGEM DA PREGUIÇA

A mão dos diligentes dominará, mas os enganadores serão tributários.
(Pv 12.24)

O preguiçoso não assará a sua caça, mas o bem precioso do homem é ser diligente.
(12.27)

A alma do preguiçoso deseja e coisa nenhuma alcança, mas a alma dos diligentes engorda.
(13.4)
O caminho do preguiçoso é como a sebe de espinhos, mas a vereda dos retos está bem igualada.
(15.19)

Também o negligente na sua obra é irmão do desperdiçador.
(18.9)

O coração do sábio adquire o conhecimento, e o ouvido dos sábios busca a ciência.
(19.15)

Diz o preguiçoso: Um leão está lá fora; serei morto no meio das ruas.
(22.13)

Diz o preguiçoso: Um leão está no caminho;
um leão está nas ruas.
Como a porta se revolve nos seus gonzos,
assim o preguiçoso, na sua cama.
O preguiçoso esconde a mão no seio;
enfada-se de a levar à sua boca.
Mais sábio é o preguiçoso a seus olhos
do que sete homens que bem respondem.
(26.13-16)

Dia 1: Provérbios 12, 13, 15, 18, 19, 22, 26

O DOM DO TRABALHO

Muitas pessoas vivem com a impressão de que o trabalho é uma maldição. Alguns até mesmo tentam citar as Escrituras, para respaldar a sua posição de que o trabalho é a triste consequência do pecado de Adão, no jardim do Éden. Errado! Antes mesmo que o pecado entrasse no mundo, antes que a desobediência de Adão sujeitasse o mundo às consequências do pecado, e quando a inocência total ainda prevalecia, Deus deu à humanidade a tarefa de cultivar o jardim, encher o mundo e governar a terra (Gn 1.28; 2.15).

O trabalho não é uma maldição. Ao contrário, é um dom de Deus. Ele deu à humanidade a honra de se tornar o seu vice-regente sobre a terra. A queda da humanidade, no entanto, transformou o trabalho em esforço. Quando confrontou Adão, a quem considerava responsável pelo pecado do casal, Deus proferiu várias maldições. Uma delas dizia respeito ao solo:

> E a Adão [Ele] disse: Porquanto deste ouvidos à voz de tua mulher e comeste da árvore de que te ordenei, dizendo: Não comerás dela, maldita é a terra por causa de ti; com dor comerás dela todos os dias da tua vida. Espinhos e cardos também te produzirá; e comerás a erva do campo. No suor do teu rosto, comerás o teu pão, até que te tornes à terra; porque dela foste tomado, porquanto és pó e em pó te tornarás. (Gn 3.17-19)

A palavra *maldição* é uma tradução obediente do verbo hebraico *arar*, que quer dizer "prender (com um feitiço ou encanto), confinar com obstáculos, tornar incapaz de resistir".⁹ Deus advertiu Adão e Eva de que a desobediência traria a morte, e que o pecado resultaria em consequências indesejadas. Quando eles desobedeceram, a criação iniciou a morte longa, lenta e agonizante, que continua até hoje (Rm 8.19-22). O mundo ficou distorcido, a ordem ficou desorganizada, os relacionamentos sofreram conflitos, e o trabalho se tornou esforço. Se Deus criou a terra para responder ao cultivo da mão da humanidade, agora tudo resiste ao nosso controle. Se as ervas daninhas não asfixiarem nossas plantações, as pestes as comem antes da colheita.

A maldição que se seguiu ao pecado também está por trás dos conflitos — as irritações que parecem espinhos — que agora frustram o trabalho de uma pessoa. O trabalho, em si mesmo, é um privilégio. É também um desafio à indolência, uma resposta à monotonia, uma oportunidade para o crescimento e desenvolvimento pessoal, e um lugar digno para investir as energias. E, talvez o mais importante, o trabalho atende às nossas necessidades físicas.

Reflexões

Em sua opinião, qual é a principal diferença entre o trabalho e o esforço? Que trabalho você considera mais satisfatório? Como Deus usa a sua atual ocupação para lhe desenvolver como pessoa? Como você pode cooperar com o seu programa de desenvolvimento?

Dia 2: Provérbios 12, 13, 15, 18, 19, 22, 26

VENCENDO A INÉRCIA

Ao longo toda a Bíblia, somos encorajados a ser pessoas diligentes, comprometidas com as tarefas que precisamos realizar na vida. Alguns, no entanto, não consideram isto um privilégio, mas um peso. Para essas pessoas, a engrenagem diária da preguiça é uma realidade inegável. Durante toda esta semana, vamos examinar esta praga prática.

De todas as passagens das Escrituras que tratam do assunto da preguiça, as mais eloquentes são os dizeres de Salomão. Entre as palavras que ele usou, *preguiçoso* parece ser a sua favorita. Quando examino o livro de Provérbios, encontro seis características dos preguiçosos.

Durante os próximos dias, vamos examiná-las juntos, e determinar maneiras para evitar os erros do preguiçoso.

1. O preguiçoso tem dificuldades para começar.

Ó preguiçoso, até quando ficarás deitado?
Quando te levantarás do teu sono?
Um pouco de sono, um pouco tosquenejando,
um pouco encruzando as mãos, para estar deitado,
assim te sobrevirá a tua pobreza como um ladrão,
e a tua necessidade, como um homem armado. (6.9-11)

Você pode se lembrar desta passagem, na nossa conversa sobre a engrenagem da procrastinação. (Pode ser útil rever a Semana 12 antes de continuar a leitura.) Não há como evitar isso: a preguiça se concentra nos obstáculos, nas desculpas que se agigantam à frente de uma tarefa. As pessoas que são preguiçosas não conseguem arregaçar as mangas e mergulhar no trabalho.

Além das causas já mencionadas para a procrastinação, eu acrescentaria esta: o tamanho de uma tarefa pode ser assustador. Nada me faz deixar as minhas tarefas mais depressa do que me sentir oprimido. O simples fato de pensar sobre todos os detalhes e o imenso esforço que o trabalho exige é exaustivo. Preferiria me deitar para "Um pouco de sono, um pouco tosquenejando". Para aliviar esse problema, acho útil dividir o trabalho em partes controláveis, e faço com que a primeira parte do trabalho seja relativamente fácil de concluir. Fazer isso me ajuda a começar. Se eu conseguir vencer a inércia e começar a atacar um problema difícil, o impulso que obtenho me ajuda a continuar.

Em outras ocasiões, tenho dificuldade para começar um projeto grande, porque não tenho certeza de por onde devo começar. Preocupo-me com a possibilidade de que fazer as coisas fora de ordem me crie mais trabalho, e o trabalho que já é difícil fique ainda mais difícil de ser concluído. No entanto, se eu perambular demais ao redor do problema, "te sobrevirá a tua pobreza como um ladrão", para que eu nunca possa fazer nada. Descobri que, às vezes, é melhor simplesmente mergulhar e começar a trabalhar. Inevitavelmente, eu logo consigo ter uma boa ideia de onde deveria ter começado, e um plano rapidamente começa a se formar em minha mente. Posso ter desperdiçado algum esforço, mas, pelo menos, o projeto está em curso.

Reflexões

Pense em um projeto assustador, ou uma tarefa desagradável que você preferia evitar. Divida o trabalho em pequenas tarefas que você possa realizar em um dia ou menos, e escreva essas tarefas em um calendário. Coloque o calendário em um lugar onde outras pessoas possam ver o seu plano e acompanhar o seu progresso. Confie em mim: essa responsabilidade de prestar contas lhe será útil.

Dia 3: Provérbios 12, 13, 15, 18, 19, 22, 26

VANGLÓRIA

Salomão e os sábios de Israel identificaram seis características de um preguiçoso. A nossa responsabilidade é identificar essas imperfeições, examinar-nos para ver se elas criaram raízes em nós, e então combatê-las, com comportamentos específicos que nos ensinam como ser diligentes e fiéis em nossas responsabilidades. Segundo o livro de Provérbios,

2. O preguiçoso é inquieto: pode ter desejos, mas o problema é implementá-los.

A alma do preguiçoso deseja e coisa nenhuma alcança, mas a alma dos diligentes engorda. (13.4)

O desejo do preguiçoso o mata,
porque as suas mãos recusam-se a trabalhar.
Todo o dia avidamente cobiça,
mas o justo dá e nada retém. (21.25,26)

Não é incomum que as pessoas preguiçosas sejam extremamente talentosas e muito criativas, pessoas que possuem grande potencial. Elas podem falar e sonhar, e até mesmo esboçar o plano, mas não têm a disciplina necessária para buscar concretizar a sua visão. Como acabamos de ler, "todo o dia" o preguiçoso "cobiça", mas pouco faz. Quando pressionado por uma explicação, as suas desculpas testemunham a sua criatividade, bem como a sua incapacidade de se dedicar.

Na minha observação de pessoas, durante muitos anos, este tipo de preguiça resulta de uma entre três falhas possíveis:

Falta de confiança

Um profundo sentimento de dúvida nas próprias capacidades pode ser combinado com o medo de revelar essa incompetência. Na verdade, todo mundo tem, até certo ponto, um problema de confiança ao tentar fazer algo novo ou que nunca tentou antes. Todos nós assumimos os novos desafios, perguntando-nos se temos o que é necessário para concluir o trabalho. Aqueles que não querem se tornar preguiçosos decidem seguir em frente, com a expectativa de que, no processo de tentar, falhar, avaliar e crescer desenvolverão as habilidades necessárias para serem bem-sucedidos.

Falta de habilidade

Os preguiçosos não se dedicam se não tiverem a confiança total, já no princípio, de que não falharão. Se não têm a habilidade necessária, se consolam com sonhos vãos e pequenos argumentos de que poderiam ter sido bem-sucedidos "se ao menos..." Aqueles que não querem se tornar preguiçosos reconhecem a sua falta de qualificações, mas decidem adquirir as qualidades de que precisam para alcançar os seus objetivos.

Falta de desejo

Os preguiçosos são pessoas complacentes — e não confunda contentamento com complacência. Diferentes das pessoas que estão contentes com o que têm, os preguiçosos sentem que têm direito a maior riqueza e mais posses, mas não estão dispostos a fazer o que é necessário para adquiri-las. As pessoas que estão contentes se sentem gratificadas pelo que realizam, independentemente da recompensa material. Os preguiçosos querem as recompensas do trabalho duro, sem dedicar o esforço necessário para tal.

O preguiçoso esconde a mão no seio;
enfada-se de a levar à sua boca. (26.15)

Para evitar o sentimento do preguiçoso de que tem direito de algo mais, busque objetivos dignos sem pensar em riqueza ou posses.

Dedique-se a algo significativo, e obtenha a satisfação de realizações que honram a Deus.

Reflexões

Deixando de lado considerações de riqueza ou até mesmo sustento, quais objetivos que estão de acordo com a agenda de Deus interessam a você? O que o impede de buscar um ou mais desses sonhos? Talvez você deva ajustar as suas orações: entregue a Deus a responsabilidade de sustentá-lo, e peça a sua ajuda para buscar um objetivo ou vocação que honre a Ele.

Dia 4: Provérbios 12, 13, 15, 18, 19, 22, 26

RECEBEM TUDO, PORÉM NÃO DÃO NADA

Em nosso estudo sobre o que o livro de Provérbios diz a respeito da preguiça, descobrimos duas características desagradáveis, comuns aos preguiçosos. Também consideramos maneiras práticas de lidar com essas falhas. Hoje, aprenderemos como uma pessoa preguiçosa lida com os relacionamentos. (Sem dúvida, você já viu essas características em outras pessoas. Talvez tenha sido culpado, em alguma ocasião?)

3. O preguiçoso cobra dos outros um preço elevado.

Também o negligente na sua obra é irmão do desperdiçador. (18.9)

Como escreveu John Donne: "Nenhum homem é uma ilha em si mesmo... [e] a morte de qualquer homem me diminui".[10] Isso bem poderia ser traduzido da seguinte forma: "Ninguém é uma ilha em si mesmo, e a *preguiça* de alguém me diminui". Grande parte do que tentamos fazer, como indivíduos, depende dos esforços de outras pessoas. Quando alguém deixa de pagar uma conta, todos os membros da família são afetados. Quando um membro de uma equipe relaxa em seu desempenho, os outros precisam acrescentar o trabalho dessa pessoa à sua própria lista de responsabilidades. Um empregado preguiçoso não apenas atrasa uma organização, como mina a motivação e o impulso dos colegas. Um jogador preguiçoso não se limita a enfraquecer a equipe, mas também suga o seu espírito e diminui a sua confiança. Um pastor preguiçoso não apenas limita uma igreja, mas também reduz a sua paixão. Em pouco tempo, todos devem fazer mais esforços para compensar a influência negativa de um preguiçoso.

E se isso não for o suficiente...

4. O preguiçoso, normalmente, é defensivo.

Mais sábio é o preguiçoso a seus olhos do que sete homens que bem respondem. (26.16)

Sem dúvida, você já ouviu falar da infinita criatividade do raciocínio de uma pessoa preguiçosa. Isto pode ser visto frequentemente, em um jogo chamado "Você não pode solucionar o meu problema". Para cada sugestão apresentada, o preguiçoso sempre tem uma razão por que algo não funcionará, um argumento possível quanto à razão por que determinada solução não ajudará. Infelizmente, esta grande habilidade de encobrir ou explicar impede que a pessoa preguiçosa encare a realidade.

Vamos encarar os fatos. Todos nós já fomos culpados disto, em uma ocasião ou outra, e todos nós, provavelmente, enfrentaremos esta tentação outra vez. Assim, qual é a solução, se você se encontrar interpretando o papel de um preguiçoso? Em uma só palavra: abnegação. A preguiça é a mentalidade abnegada, altruísta. Supere a si mesmo, pense nas pessoas à sua volta, solidarize-se com as dificuldades delas. Fazer bem o seu trabalho é uma boa maneira de aliviar as cargas dos outros. Se concluir as suas tarefas não lhe traz satisfação pessoal, fique satisfeito com o fato de que a sua diligência beneficia outras pessoas.

Reflexões

Quando você deixa de cumprir os seus deveres, quem é afetado, e qual é o impacto? Qual de suas responsabilidades, quando bem feita e pontualmente, faz com que a vida seja melhor para o maior número de pessoas? Ao estabelecer prioridades, deixe que esta abnegação traga uma nova dimensão ao seu planejamento.

Dia 5: Provérbios 12, 13, 15, 18, 19, 22, 26

SEM CONTINUIDADE

Um rapaz entrou em uma loja de conveniências e pediu para usar o telefone. O gerente pôde ouvir o seu lado da conversa, quando ele perguntava: "O senhor gostaria de ter um jovem trabalhador e honesto, trabalhando para o senhor"? (pausa) "Ah, o senhor já tem um jovem honesto e trabalhador? Bem, mesmo assim obrigado!"

O rapaz desligou com um sorriso, e se virou para sair, cantarolando uma alegre melodia.

"Como você pode estar tão alegre?", perguntou o gerente. "Eu pensei que a pessoa com quem você falou já havia empregado alguém e não queria lhe contratar".

O rapaz respondeu: "Bem, você sabe, *eu sou* o jovem trabalhador. Só estava verificando como estou me saindo em meu emprego"!

Se alguém perguntasse ao seu chefe a respeito da sua posição e do seu desempenho, qual você acha que seria a resposta? O seu chefe diria que você é trabalhador? Não, se você tiver esses dois últimos atributos de uma pessoa preguiçosa:

5. O preguiçoso desiste.

O preguiçoso não assará a sua caça, mas o bem precioso do homem é ser diligente. (12.27)

Este ditado curioso revela outra marca intrigante da preguiça: a falta de continuidade. A pessoa preguiçosa:

- Adora pescar, mas não limpa os peixes.
- Adora comer, mas detesta lavar a louça.
- Não se importa de pintar um quarto, mas deixa a limpeza para os outros.
- Prefere ter objetos bonitos, mas não cuida deles como deveria.

Os preguiçosos não podem ser incomodados com detalhes, porque se satisfazem com o mínimo. A excelência não está na sua lista de prioridades.

6. O preguiçoso vive de desculpas.

Diz o preguiçoso: Um leão está lá fora;
serei morto no meio das ruas. (22.13)

Este provérbio sempre me faz sorrir. Os leões na rua nada mais são que uma imaginação fértil dando frutos. Mais adiante, no livro de Provérbios, o "leão" volta:

Diz o preguiçoso: Um leão está no caminho;
um leão está nas ruas.
Como a porta se revolve nos seus gonzos,
assim o preguiçoso, na sua cama. (26.13,14)

Estes provérbios usam uma figura de linguagem chamada hipérbole, uma imagem engraçada ou escandalosa que exemplifica um conceito válido. A primeira hipérbole demonstra as ridículas desculpas que uma pessoa preguiçosa apresenta para evitar o trabalho. O preguiçoso fará uso de qualquer desculpa, não importa o quanto seja improvável ou irracional. O segundo provérbio exemplifica o único resultado possível da natureza do preguiçoso. Presa por dobradiças, uma porta tem um limite de movimentos: ela não pode fazer nada, exceto abrir ou fechar. Assim é o preguiçoso: a natureza do preguiçoso não permite nenhuma ação fora da cama.

Reflexões

Você tem um conhecido preguiçoso, que detém tanto a você como a outras pessoas? Frequentemente, um relacionamento pouco saudável ou pouco íntegro nos dá a desculpa perfeita de que precisamos para nos concentrar em tantas limitações. Reflita sobre os tipos de pessoas com quem você passa grande parte do seu tempo. Quando possível, escolha amigos diligentes e limite a sua exposição às pessoas que exibam as características de uma pessoa preguiçosa.

Semana 16 • Provérbios 24

A Engrenagem do Desequilíbrio

Se te mostrares frouxo no dia da angústia, a tua força será pequena.
(Pv 24.10)

*Duas coisas te pedi;
não mas negues, antes que morra:
afasta de mim a vaidade e a palavra mentirosa;
não me dês nem a pobreza nem a riqueza;
mantém-me do pão da minha porção acostumada;
para que, porventura, de farto te não negue e diga:
Quem é o Senhor?
Ou que, empobrecendo, venha a furtar
e lance mão do nome de Deus.*
(30.7-9)

Dia 1: Provérbios 24

DESEQUILÍBRIO

Quanto mais vivo, mais percebo quão facilmente uma rotina pode se tornar um hábito inveterado, e quão rapidamente as prioridades podem se tornar obsessões. Na semana passada, examinamos a engrenagem da preguiça, e descobrimos como evitar que nos tornemos preguiçosos. Mas a decisão de fazer do trabalho uma prioridade, e ser diligente em nossas responsabilidades pode nos levar a extremos: a nossa diligência pode se tornar um vício de trabalho.

Em termos de dieta, nós monitoramos quanto e o que comemos, e os médicos recomendam que façamos exercícios físicos regularmente. Alguns, no entanto, levam a preocupação com a saúde a tais extremos que chegam a sofrer de distúrbios alimentares. Algumas mulheres se exercitam tanto, que deixam de produzir seus hormônios femininos, e alguns homens sentem a necessidade de injetar em si mesmos substâncias para o fortalecimento dos músculos, que provocam câncer. Estes são alguns exemplos de coisas boas — a preocupação com a alimentação e a prática de exercícios físicos sensatamente — que se tornam más, quando levadas a extremos.

Da mesma maneira, já vi cristãos levarem as disciplinas espirituais a tais extremos que praticamente se retiraram da vida pública normal. Eles interpretam a admoestação de Paulo, "orai sem cessar", literalmente, e passam horas em meditação privada, e realizam muito pouco. Eles estudam as Escrituras por tanto tempo, e tão profundamente, que têm pouca oportunidade de exibir em suas vidas o que aprenderam. Eles comparecem a cada culto na igreja, participam de cada programa na igreja, e jamais faltam a qualquer evento na igreja — e seus filhos se sentem ignorados, e, seu cônjuge, negligenciado. Novamente, as boas coisas se tornam más quando não conseguimos encontrar um equilíbrio apropriado.

Eu vejo desequilíbrio e extremos o tempo todo ao meu redor, e, às vezes — para minha vergonha — em mim mesmo. Uma oração importante para mim, à medida que fui ficando mais velho, foi "Senhor, conserva-me equilibrado"!

- Nós precisamos de um equilíbrio entre o trabalho e a diversão. O excesso de um ou outro é desagradável e pouco saudável.

- Nós precisamos de um equilíbrio entre o tempo que passamos sozinhos e o tempo que passamos com os outros. O excesso de um ou outro causa estragos.

- Nós precisamos de um equilíbrio entre a independência e a dependência. O excesso de um ou outro leva a um comportamento estranho, e até mesmo a desequilíbrios mentais.

- Nós precisamos de um equilíbrio entre a gentileza e a firmeza, entre esperar e orar, entre trabalhar e obedecer, entre economizar e gastar, entre receber e doar, entre desejar demais e esperar muito pouco, entre a aceitação piedosa e o discernimento perspicaz.

Reflexões

Examine a sua própria vida. Em que área da vida você pode precisar de mais equilíbrio? Agora, reflita sobre as últimas semanas. Alguém próximo de você se queixou de que você está levando alguma atividade, prioridade ou perspectiva a um extremo?

Dia 2: Provérbios 24

ADVERSIDADE *VERSUS* PROSPERIDADE

Quer você perceba isso ou não, a vida é uma luta perpétua para manter o equilíbrio entre várias forças opostas. Nos próximos dias, vamos examinar algumas situações extremas que ameaçam nos desequilibrar. A primeira delas é o cabo de guerra entre adversidade e prosperidade.

Refletindo sobre os efeitos da adversidade, o sábio de Israel escreveu:

Se te mostrares frouxo no dia da angústia, a tua força será pequena. (24.10)

A palavra traduzida como "angústia" é uma palavra que descreve confinamento ou construção, um lugar pequeno demais para que se possa habitar confortavelmente. A expressão "entre uma pedra e um lugar duro" é adequada. Este provérbio nos aconselha a não ficarmos "frouxos", ou, com maior exatidão, "ociosos, desencorajados, desanimados, caídos". Se o fizermos, sacrificaremos a força que normalmente nos ajudaria a escapar. Em outras palavras, quando cedemos aos nossos temores, permitimos que aquilo que tememos se torne realidade. E, segundo Provérbios 24.5, "Um varão sábio é forte, e o varão de conhecimento consolida a força".

Falando francamente, ceder é estupidez!

Quando a adversidade nos derruba, que a sobrevivência seja o nosso primeiro objetivo. Nem pense em alimentar a ideia de ceder. Em vez disso, permita que a adversidade ponha à prova a sua elasticidade e criatividade. A adversidade exige que procuremos dentro de nós e encontremos uma solução. Muito frequentemente, o Senhor usa a adversidade para nos ajudar a reconhecer um reservatório de força interior. No entanto, enfrentamos um teste muito mais sutil, quando encontramos a prosperidade, o oposto da adversidade. Quando as coisas nos vêm facilmente, quando há abundância de dinheiro, quando todos nos aplaudem, quando todas as nossas coisas estão em ordem, quando o céu é o limite, é o momento de resistir! Por quê? Porque, em tempos de prosperidade, a vida pode se tornar sutilmente complicada. A integridade é atacada. A humildade é testada. A fé é desafiada. O livro de Provérbios adverte:

> Aquele que confia nas suas riquezas cairá, mas os justos reverdecerão como a rama. (11.28)

A palavra traduzida como "confia" significa "sentir-se seguro, ter confiança, depender de". Quando estamos sofrendo alguma adversidade é natural que nos tornemos introspectivos, monitorando cuidadosamente os nossos motivos e decisões para nos satisfazer, de modo que não mereçamos as nossas circunstâncias desagradáveis. A nossa tendência é nos preocuparmos menos com o nosso comportamento quando a vida vai bem, e, se não tomarmos cuidado, podemos começar a nos sentir indestrutíveis. A nossa prosperidade parece um escudo de proteção contra a calamidade. Podemos chegar até mesmo a confundir a nossa riqueza com uma prova da aprovação da parte de Deus, e desenvolver uma sensação de que temos privilégios e direitos.

A sabedoria nos diz que não devemos nos concentrar em nossas circunstâncias —adversidade ou prosperidade — mas encontrar o equilíbrio, fazendo o que é correto. Os "justos" de 11.28 se referem àqueles que seguem e aplicam constantemente os padrões morais de Deus, independentemente das circunstâncias.

Reflexões

Se você é como a maioria das pessoas, a sua vida é uma mistura de adversidade e prosperidade, dependendo de qual situação particular você considera. Compile duas listas: as maneiras como você sofre adversidade *e* as maneiras como é próspero. Quão tentado você se sente para abrir mão do comportamento justo em cada circunstância? Decida agora fazer o que é correto, em resposta a cada tentação.

Dia 3: Provérbios 24

TRABALHO *VERSUS* RECOMPENSA

Como descobrimos anteriormente, Salomão e os sábios de Israel tinham muito a dizer a respeito da importância da diligência e os perigos da preguiça. Quando combinamos todas essas coisas, a mensagem deles fica clara: trabalhe diligentemente, e você colherá recompensas materiais; a preguiça lhe deixará sem um centavo. Mesmo assim, no entanto, os provérbios pedem equilíbrio. Em favor do trabalho, os sábios escreveram:

> A fome do trabalhador o faz trabalhar, porque a sua boca a isso o incita. (16.26, ARA)

A palavra traduzida como "fome" é a palavra hebraica para "alma". Neste contexto, ela se refere ao desejo humano de satisfazer as nossas necessidades básicas para a sobrevivência. Literalmente, uma pessoa precisa de água, comida e abrigo. Esta necessidade biológica nos impulsiona a trabalhar. Em um sentido mais amplo da expressão, o sábio reconhecia a nossa necessidade espiritual de um trabalho significativo. Deus nos projetou com esta "fome", e nós refletimos a sua imagem, quando cumprimos o nosso propósito divino (Gn 1.28; 2.15).

Esta necessidade, no entanto, pode se tornar uma obsessão. A fome nos incentiva a trabalhar, mas a avareza — ou um de muitos problemas pessoais — nos impele a trabalhar demais. Deus nos chama à diligência, mas Ele não quer viciados em trabalho. Segundo este livro de sabedoria, há um momento para trabalhar e também um momento para aproveitar os frutos do nosso trabalho.

> Prepara fora a tua obra, e apronta-a no campo,
> e então edifica a tua casa. (24.27)

A expressão *edifica a tua casa* tem um significado literal e um figurado. Para edificar a própria casa, um homem não apenas erigia uma estrutura em que viveria, mas trabalhava para estabelecer um legado. Ele se casava, enchia a casa de filhos, os criava até a idade adulta, e então ampliava a casa, para acomodar a próxima geração. Neste sentido, a casa de uma pessoa representava a sua vida, que enchia com a família, amigos, riqueza e provisões para segurança.

Para parafrasear este provérbio: "Trabalhe duro! E então aproveite e vida"!

Que extremo você tende a permitir — o *processo* do trabalho ou a *recompensa* do trabalho? O que poderia fazer para ter um equilíbrio mais saudável? De quais maneiras pode envolver a família e os amigos para que lhe ajudem a manter o equilíbrio?

Dia 4: Provérbios 24
SABEDORIA, ENTENDIMENTO E CONHECIMENTO

Salomão e os sábios de Israel consideravam a sabedoria, o entendimento e o conhecimento como coisas dignas de serem buscadas na vida. Na verdade, diante da escolha entre sabedoria e riqueza material, eles optaram por sabedoria. Para eles, o pensamento claro era a chave para o sucesso em todas as áreas da vida.

Quanto melhor é adquirir a sabedoria do que o ouro! E quanto mais excelente, adquirir a prudência do que a prata! (16.16)

O bom siso te guardará, e a inteligência te conservará. (2.11)

A boca do justo é manancial de vida, mas a violência cobre a boca dos ímpios. (10.21)

O entendimento, para aqueles que o possuem, é uma fonte de vida, mas a instrução dos tolos é a sua estultícia. (16.22)

Vamos rever as definições de *sabedoria, entendimento* e *conhecimento*.

Para os hebreus, *sabedoria (hakam)* e termos derivados são as palavras mais comumente usadas para indicar inteligência. Este tipo de sabedoria descreve a percepção com discernimento. A palavra original hebraica enfatiza a exatidão e a precisão, e a capacidade de perceber o que está por baixo da superfície. Esta virtude representa uma maneira de pensar e uma atitude que resulta em um modo de vida prudente e sensato. "A sabedoria do Antigo Testamento, no entanto, é muito diferente de outras perspectivas do Mundo Antigo... Refletido na sabedoria do Antigo Testamento está o ensinamento de um Deus pessoal, que é santo e justo, e que espera que aqueles que o conhecem exibam o seu caráter nas muitas questões práticas da vida".[11]

A palavra hebraica para "entendimento" é *tebuna*, que se refere a inteligência ou discernimento. Esta palavra descreve a nossa capacidade de observar, obter conhecimento e então discernir, para idealizar um plano ou tomar uma decisão. Para conseguir este tipo de capacidade mental, nós fazemos o nosso dever de casa, investigamos, buscamos múltiplas perspectivas, usamos a lógica, e então formulamos ideias. Poderíamos chamá-la de "sabedoria experimental", o tipo de entendimento que as pessoas mais velhas obtêm da escola da vida.

A palavra hebraica para *conhecimento* se baseia na palavra *yada*, "conhecer", e se refere ao entendimento com discernimento. É possível obter esse tipo de conhecimento por meio de uma experiência pessoal íntima com um assunto. O Antigo Testamento usa *yada* para descrever o conhecimento penetrante que Deus tem de cada indivíduo e suas "maneiras" (Gn 18.19; Dt 34.10; Is 48.8; Sl 1.6; 37.18). Em muitos contextos, *yada* indica a capacidade de discernir a diferença entre duas alternativas, com base em experiências anteriores (Gn 3.5, 22; Dt 1.39; Is 7.15), uma capacidade que os "pequenos" não têm. O conhecimento é, portanto, o aprendizado com percepção, e inclui coisas como um espírito que pode ser ensinado, uma disposição para ouvir, e um desejo para descobrir o que realmente está ali. O conhecimento sempre busca a verdade.

Salomão e os sábios de Israel valorizavam a sabedoria, o entendimento e o conhecimento, como cruciais para a vida próspera, em segurança e eficaz. Ainda assim, eles reconheciam os limites da mente humana:

> Confia no Senhor de todo o teu coração
> e não te estribes no teu próprio entendimento.
> Reconhece-o em todos os teus caminhos,
> e ele endireitará as tuas veredas.
> Não sejas sábio a teus próprios olhos;
> teme ao Senhor e aparta-te do mal. (3.5-7)

Reflexões

Como você investiu, até agora, na sua própria educação? O que você vai fazer, para continuar a cultivar — no sentido hebraico das palavras — sabedoria, entendimento e conhecimento? Diante de um desafio, como você emprega a sabedoria humana e a confiança em Deus? Em quem, em última análise, você confia?

Dia 5: Provérbios 24

PROSPERIDADE: NEM MUITO POUCO, NEM DEMAIS

Na conclusão do nosso exame a respeito do equilíbrio, ou da falta dele, vamos retornar ao ponto onde começamos. Um sábio de Israel refletiu sobre a sua riqueza e o efeito que ela tinha no seu relacionamento com Deus. A seguir, ele formulou a seguinte oração, pedindo que o Senhor o ajudasse a conservar um equilíbrio sensato:

> Duas coisas te pedi; não mas negues, antes que morra:
> afasta de mim a vaidade e a palavra mentirosa; não me dês nem a pobreza nem a riqueza; mantém-me do pão da minha porção acostumada; para que, porventura, de farto te não negue e diga: Quem é o Senhor?
> Ou que, empobrecendo, venha a furtar
> e lance mão do nome de Deus. (30.7-9)

Este homem vivera um número suficiente de anos, e havia enfrentado desafios suficientes para resumir a sua petição a dois pedidos específicos:

1. Protege-me da mentira e dos mentirosos.
2. Não me dês nem muito, nem demais prosperidade.

É o segundo pedido que o ajuda a manter um equilíbrio apropriado. É o que ele amplificou. Por que ele resistia a ter pouco demais? Queria impedir que a tentação atendesse as suas necessidades por meios desonestos. As pessoas desesperadas fazem coisas desesperadas. Quem duvidar disso, nunca olhou nos rostos de seus filhos famintos. Naquele momento, alimentá-los poderia, facilmente, vencer algum princípio. A adversidade pode nos tentar a profanar o nome do Senhor nosso Deus.

E por que o autor temia ter demais? Quando estamos satisfeitos, somos mais vulneráveis, tanto à soberba como à tentação de nos esquecermos de Deus. É quando nos arriscamos a nos tornar como Nabucodonosor, que atribuía a si mesmo o crédito por seu sucesso. É quando confiamos mais na nossa riqueza, para prover nossas necessidades e nos dar segurança. A prosperidade pode nos tentar a conjeturar sobre a graça de Deus.

Pense nisso. O adversário de nossas almas é o especialista dos extremos. Ele nunca esgota as suas maneiras de nos levar ao limite, de nos levar a tais extremos a ponto de nos arriscarmos a sofrer um tropeção grave e mortal. Quanto mais eu vivo, mais devo combater a tendência de ir a extremos, e mais valorizo o equilíbrio.

Reflexões

Vamos fazer uma avaliação honesta, está bem? Para lhe ajudar a manter sua avaliação em uma base razoavelmente honesta, você precisa destas duas coisas:

a. Do seu calendário
b. Dos seus extratos bancários

Examine o seu calendário durante os últimos trinta dias. A seguir, tanto quanto puder, preencha os dias típicos de uma semana típica com as suas atividades. Você vê algum extremo? Você vê alguma coisa faltando, como, por exemplo, tempo com a família, tempo dedicado a servir a Deus, ou tempo reservado para descanso ou recreação?

Agora, examine os seus extratos bancários. Os seus gastos revelam equilíbrio ou desequilíbrio? Os seus gastos consigo mesmo são excessivos ou insuficientes? E quanto à parte da sua renda que pertence a Deus? Você vê algum problema? Você acha que está faltando alguma coisa?

Semana 17 • Provérbios 1

A Engrenagem da Oposição

A suprema Sabedoria altissonantemente clama de fora; pelas ruas levanta a sua voz. Nas encruzilhadas, no meio dos tumultos, clama; às entradas das portas e na cidade profere as suas palavras: Até quando, ó néscios, amareis a necedade? E vós, escarnecedores, desejareis o escárnio? E vós, loucos, aborrecereis o conhecimento?
(Pv 1.20-22)

Porquanto aborreceram o conhecimento e não preferiram o temor do Senhor; não quiseram o meu conselho e desprezaram toda a minha repreensão. Portanto, comerão do fruto do seu caminho e fartar-se-ão dos seus próprios conselhos. Porque o desvio dos simples os matará, e a prosperidade dos loucos os destruirá.
(1.29-32)

Dia 1: Provérbios 1
O Maior de Dois Males

Qual foi o seu primeiro pensamento, quando você viu a palavra *oposição* no título deste capítulo? Você imaginou a resistência externa aos seus esforços, ou a sua própria resistência interna à liderança de Deus? Qual destas acha que seria a maior "engrenagem"?

Com *oposição*, eu não me refiro à resistência externa de outras pessoas, mas à resistência interna, à sua própria oposição às coisas de Deus. Na verdade, os nossos encontros com forças externas — com pessoas e circunstâncias que frustram os nossos esforços — provavelmente não vão nos destruir. O que tenho em mente é a maneira como resistimos, pessoalmente, à liderança de Deus, às suas repreensões, à sua vontade, à sua sabedoria. Alguns são tão propensos à oposição interna, que, regularmente, deixam de aprender as lições que o Espírito da Verdade tenta lhes ensinar. Enquanto alguns tomam para si a mensagem de Deus e seguem os seus princípios, outros menosprezam os seus caminhos.

Todos nós, em uma ou outra ocasião, somos culpados de oposição interna. Devemos, então, fazer a nós mesmos duas importantes perguntas:

Quão frequentemente nós resistimos à obra de Deus dentro de nós?
A nossa resistência ameaça se tornar habitual?

Essas perguntas são cruciais, e as suas respostas determinarão como o seu futuro se desenrolará, no tempo e no espaço, bem como na eternidade, além da morte. Você percebe, Deus está no negócio de redimir e transformar pessoas. Embora a Bíblia afirme que Ele não deixará de realizar o que decide fazer, a Bíblia também apela para a vontade de cada indivíduo, pedindo que cada um de nós dê ouvidos à voz da sabedoria, que nos arrependamos de nossa rebelião, que busquemos a orientação de Deus e que nos submetamos à sua liderança.

Reflexões

Você já tomou a decisão de seguir a orientação de Deus, em cada detalhe de sua vida? Ninguém faz isso perfeitamente. Mas, no que diz respeito à orientação para a vida, você decide fazer as coisas à maneira de Deus, segundo a sua vontade, os seus métodos e o seu cronograma? Se não, por que se opõe a isso? O que mais teme? Recomendo-lhe que deixe de resistir: agora é um bom momento para se comprometer a seguir a orientação de Deus.

Dia 2: Provérbios 1

OPOSIÇÃO SIMPLES

Sendo um pastor, eu me surpreendo com a diferença entre os cristãos, no que diz respeito a aceitar instrução. Alguns parecem *nunca* aprender!

Muitos crentes permanecem entusiasticamente cientes da liderança de Deus, submetendo-se a cada sinal de seu estímulo interior, mas muitos outros seguidores de Cristo, que frequentam a igreja, insistem em aprender da pior maneira. Eles são expostos às mesmas verdades, ano após ano, mas a sabedoria não consegue penetrar neles. Múltiplas advertências, feitas por familiares e amigos, não são ouvidas. Esbarrões com o desastre não conseguem alterar o curso dessas pessoas. Mesmo em meio aos escombros das consequências do pecado, perguntam: "Como isto foi acontecer? Por que estou sofrendo"?

Quando encontrei três tipos de indivíduos nas Escrituras, comecei a entender que essas pessoas lutam com um problema comum. São pessoas de oposição; elas se opõem à instrução de Deus. Esses rebeldes existem em três variedades, cada uma delas descrita em Provérbios por Salomão e seus colegas sábios. Vamos examinar cada uma delas, durante os próximos dias.

O sábio rei Salomão chamou o primeiro grupo de oposição de "os simples".

Os simples

O substantivo hebraico *peti* se baseia em um verbo, que quer dizer "ser espaçoso, aberto, amplo", e transmite a ideia de estar completamente aberto, sem discernimento, incapaz ou sem disposição de distinguir entre a verdade e a falsidade; ser facilmente desorientado, rapidamente seduzido, e facilmente preza da mentira. Os simples (ou ingênuos) são suscetíveis ao mal, e facilmente influenciados por qualquer opinião. Normalmente, não conseguem lidar com as complexidades da vida, especialmente se a situação exigir uma grande dose de esforço mental.

Na cultura hebraica, espera-se que as crianças sejam simples. Elas não têm educação, experiência, nem treinamento para discernir. Portanto, os pais têm o dever sagrado de proteger os pequenos ingênuos da mentira, e prepará-los para a idade adulta, equipando-os. Poucos toleravam os adultos ingênuos, no entanto. Exceto em casos de deficiência mental, os adultos permaneciam ingênuos por escolha, e, por isso, mereciam sofrer as consequências de sua simplicidade.

Lendo Provérbios, encontrei várias características dos simples:

• Eles são insensíveis ao perigo ou ao mal.

Porque da janela da minha casa,
por minhas grades

olhando eu, vi entre os simples,
descobri entre os jovens,
um jovem falto de juízo,
que passava pela rua junto à sua esquina
e seguia o caminho da sua casa,
no crepúsculo, à tarde do dia,
na escuridão e trevas da noite
E ele segue-a logo,
como boi que vai ao matadouro. (7.6-9, 22)

• Eles não preveem nem mesmo consideram as consequências de suas decisões.

Quem é simples, volte-se para aqui.
E aos faltos de entendimento diz:
As águas roubadas são doces,
e o pão comido às ocultas é suave.
Mas não sabem que ali estão os mortos,
que os seus convidados estão nas profundezas do inferno. (9.16-18)

• Eles são crédulos, e não têm discernimento.

O simples dá crédito a cada palavra,
mas o prudente atenta para os seus passos. (14.15)

• Eles não conseguem aprender; eles caem, e caem de novo!

O avisado vê o mal e esconde-se;
mas os simples passam e sofrem a pena. (22.3)

Reflexões

Há um antigo ditado: "Se você me engana uma vez, a vergonha é sua; se me engana duas vezes, a vergonha é minha"! Quão bem você aprende com os seus erros? Consegue ver a conexão entre as suas decisões e as consequências delas? O objetivo não é a autocondenação, mas o cuidadoso exame de sofrimentos passados revelará alguma responsabilidade pessoal. Quão bem você se engaja nesta disciplina madura?

Dia 3: Provérbios 1

OPOSIÇÃO TOLA

A cultura hebraica reconhecia que nem toda oposição à liderança de Deus é igual. Toda oposição é tolice, mas os sábios do Antigo Testamento diagnosticaram as diferentes causas da estupidez espiritual, e as trataram da maneira devida. Ontem examinamos a tolice simples, a oposição daqueles que simplesmente não aprenderam, de pessoas que não foram instruídas. Hoje vamos considerar uma forma mais grave de tolice espiritual, uma condição que poderia ser chamada de "oposição tola". A melhor palavra para designar esta pessoa é *tolo*.

O tolo

A língua hebraica tem duas palavras principais para designar este tipo de tolo: *nabal* e *kasal*. As duas têm o significado básico de "ser estúpido, tolo". A língua árabe tem uma palavra similar a kasal que quer dizer: "ser preguiçoso, estúpido, cru". Não me entenda mal. O tolo tem a *capacidade* de raciocinar; ele simplesmente aplica a lógica de maneira incorreta. Os tolos estão absolutamente convencidos de que podem se arranjar perfeitamente bem sem Deus. Eles formam, para si mesmos, um raciocínio que cria a *aparência* de uma lógica honesta. Na realidade, no entanto, começam com as suas conclusões desejadas, e então as respaldam com raciocínios.

Um bom exemplo de *kasal* poderia ser um homem que sofre uma perda terrível, trágica; ele fica cada vez mais irado com Deus, e então decide que o Criador não existe. Ele passa, então, a sua vida construindo um caso lógico contra a existência de Deus, usando o que lhe parece ser um raciocínio digno de crédito. Para se convencer ainda mais, e também aos outros, propõe teorias alternativas sobre como e por que o universo existe, para substituir a perspectiva bíblica.

Na verdade, o ateísmo é, simplesmente, uma forma moderna da idolatria — uma rejeição voluntária e intencional de Deus, em favor de um cosmos criado pelo homem. Talvez seja por isso que a Bíblia usa *kasal* mais frequentemente para se referir aos idólatras; essas pessoas criam, para si mesmas, um ídolo, e então se convencem de que ele tem poder sobrenatural. O profeta Isaías exemplificou este absurdo na história de um homem que derrubou uma árvore:

> Metade queima, com a outra metade come carne; assa-a e farta-se; também se aquenta e diz: Ora, já me aquentei, já vi o fogo. Então, do resto faz um deus, uma imagem de escultura; ajoelha-se diante dela, e se inclina, e lhe dirige a sua oração, e diz: Livra-me, porquanto tu és o meu deus. (Is 44.16,17)

De maneira similar, um *nabal* decide de que tipo de comportamento pecaminoso mais gosta, e então o explica, racionalmente. Uma mulher que se prepara para abandonar a sua família por causa de um caso amoroso, por exemplo, poderá passar muitas semanas preparando-se mentalmente para a partida. Ela se convencerá de que seu marido e sua família estarão melhores sem ela, que os serviu por um período suficiente de tempo, e que agora é a sua vez de aproveitar a vida, ou que o outro homem é sua alma gêmea, e que Deus desejaria que ela fosse feliz.

Você percebe a correlação? A maioria das pessoas modernas não cria estátuas para venerar como ídolos. Em vez disso, elas decidem em que querem crer, e então explicam, racionalmente, as suas decisões, sem considerar o fato de que depositaram a sua confiança em mentiras que elas mesmas criaram! As Escrituras repreendem este tipo de oposição, nos termos mais incisivos, e oferecem aos sábios uma resposta específica para a tolice dos tolos.

Vai-te à presença do homem insensato e nele não divisarás os lábios do conhecimento.

A sabedoria do prudente é entender o seu caminho, mas a estultícia dos tolos é enganar. (14.7,8)

O coração sábio buscará o conhecimento, mas a boca dos tolos se apascentará de estultícia. (15.14)

Não toma prazer o tolo no entendimento, senão em que se descubra o seu coração. (18.2)

O que confia no seu próprio coração é insensato, mas o que anda sabiamente escapará. (28.26)

Reflexões

É possível que até mesmo as pessoas sábias ajam como tolas, em alguns aspectos. Quando você foi culpado de explicar, racionalmente, um comportamento que sabia ser contrário à vontade de Deus? Por que protegeu esse comportamento tão cuidadosamente? Que necessidade ou desejo este comportamento satisfaz em você? Considere apresentar essa necessidade a Deus, pedindo-lhe que lhe proporcione satisfação à sua maneira, e segundo o seu cronograma.

Dia 4: Provérbios 1
Oposição Intencional

Entre esses três tipos distintos de rebeldes — os que se opõem à orientação interna e à instrução de Deus — os simples ou ingênuos têm a menor culpa moral. Imagina-se que as crianças sejam simples, mas começam a ter maior responsabilidade por sua ingenuidade, à medida que ficam mais velhas. Ainda assim, a sua incapacidade de aprender por meio da escola da vida é menos pecaminosa do que a dos que zombam da orientação de Deus. A Bíblia reserva a sua mais severa repreensão por este tipo de oposição.

O escarnecedor

Esta pessoa é completamente diferente do simples. O escarnecedor "se deleita em seu escárnio". A palavra hebraica lutz quer dizer "deixar de lado, escarnecer, zombar". A palavra expressa a ideia de rejeitar com vigoroso desprezo. Os escarnecedores mostram desdém ou desgosto por Deus e por qualquer coisa que se assemelhe à verdade espiritual. A nossa reação natural é aplicar intensa disciplina, para que deixem de escarnecer e comecem a pensar sensatamente. É mais que provável, no entanto, que confrontar um escarnecedor seja um esforço inútil, como Salomão nos lembra:

> O que repreende o escarnecedor afronta toma para si; e o que censura o ímpio recebe a sua mancha. Não repreendas o escarnecedor, para que te não aborreça; repreende o sábio, e amar-te-á. (9.7,8)

Esta passagem explica por que todos esses são incluídos sob a classificação geral de "a oposição". O escarnecedor não dá ouvidos a palavras de correção. Ele se opõe vigorosamente, não porque não creia em Deus — porque, sem dúvida, ele crê. Ele escarnece, porque se recusa a reconhecer a soberania de Deus. Esta característica rejeita toda submissão a qualquer autoridade, e afeta cada relacionamento que o escarnecedor tenha.

> O filho sábio ouve a correção do pai, mas o escarnecedor não ouve a repreensão. (13.1)
>
> Lança fora ao escarnecedor, e se irá a contenda; e cessará a questão e a vergonha. (22.10)
>
> O pensamento do tolo é pecado, e é abominável aos homens o escarnecedor. (24.9)

Reflexões

Você conhece um escarnecedor, alguém que zomba de Deus, que denigre o seu povo e rejeita a verdade espiritual? Qual foi a sua reação, no passado? Como isso afetou o escarnecedor, e o seu relacionamento com essa pessoa? Como estes provérbios influenciarão a sua reação a ele no futuro?

Dia 5: Provérbios 1

TOLOS INTELIGENTES

Antes de concluirmos o estudo desta semana, vamos examinar a tolice outra vez. A língua inglesa define um tolo como alguém que é um pouco travesso ou que toma decisões tolas. A cultura hebraica, no entanto, levava a palavra *tolo* muito mais a sério. Nós consideramos três tipos diferentes de oposição interna à liderança divina, oposição que o idioma hebraico descreve usando nada menos que quatro palavras. Cada palavra quantifica o nível de tolice em uma pessoa, e cada palavra sucessiva na lista reflete uma oposição maior que a anterior:

> *Peti:* Sem discernimento, incapaz ou não disposto a distinguir entre a verdade e a falsidade.
>
> *Kasal:* Sem conhecimento ou experiência prática; mentalmente preguiçoso.

Nabal: Voluntariamente fechado à sabedoria, e brutalmente destrutivo, tanto em relação a si mesmo como aos outros.

Letz: Incorrigível e voluntariamente rebelde contra Deus.

Você pode observar que a culpabilidade moral aumenta com a capacidade intelectual. Em outras palavras, aqueles que possuem menos inteligência são os últimos a culpar por sua oposição. Para os hebreus, o mais tolo era o opositor que possuía a maior capacidade mental. Salomão e os sábios de Israel não avaliavam a sabedoria e a tolice em termos de QI; para eles, a prudência é a medida da obediência de uma pessoa a Deus.

Reflexões

Dedique alguns momentos a um honesto autoexame. Com que tipo de oposição você tem mais dificuldade? Como pode combater essas tendências? De que maneiras pode envolver pessoas sábias para ajudá-lo a vencer sua oposição interna à orientação de Deus?

Semana 18 • Provérbios 20, 23
A Engrenagem do Vício

*O vinho é escarnecedor, e a bebida forte, alvoroçadora;
e todo aquele que neles errar nunca será sábio.*
(Pv 20.1)

*Para quem são os ais? Para quem, os pesares?
Para quem, as pelejas? Para quem, as queixas?
Para quem, as feridas sem causa?
E para quem, os olhos vermelhos?
Para os que se demoram perto do vinho,
para os que andam buscando bebida misturada.
Não olhes para o vinho, quando se mostra vermelho,
quando resplandece no copo
e se escoa suavemente.
No seu fim, morderá como a cobra
e, como o basilisco, picará.
Os teus olhos olharão para as mulheres estranhas,
e o teu coração falará perversidades.
E serás como o que dorme no meio do mar
e como o que dorme no topo do mastro
e dirás: Espancaram-me, e não me doeu;
bateram-me, e não o senti;
quando virei a despertar?
Ainda tornarei a buscá-la outra vez.* (23.29-35)

Dia 1: Provérbios 20, 23

SABEDORIA NA HORA CERTA

Eu sorrio por dentro sempre que ouço alguém dizer que a Bíblia é irrelevante. Percebo, imediatamente, que essa pessoa não está nada familiarizada com as páginas do Livro de Deus. Como alguém que tem sido expositor das Escrituras por mais de cinco décadas, ainda me maravilho com o quanto a Bíblia é atual e certeira.

Como um bom exemplo da relevância das Escrituras, considere a engrenagem diária do vício. Para muitas pessoas, hoje em dia, a dependência física e emocional de alguma substância é uma realidade amarga e implacável, e as estatísticas sugerem que o consumo de drogas não está diminuindo. O problema se expandiu para incluir mais pessoas do que nunca. Há muito tempo, o vício de bebidas alcoólicas e de drogas deixou as favelas para fazer vítimas nos pátios das escolas. O vício não mais é a doença dos marginalizados, economica e culturalmente; hoje, é uma epidemia que assola as famílias de classe média. Há, então, algum assunto de maior relevância que este?

Há alguns séculos, quando o Senhor orientou os seus mensageiros para que registrassem a sua verdade, este foi um assunto que Ele preferiu não ignorar. Por isso, agora, aqui estamos, no século XXI, cercados por conveniências modernas e tecnologia sem precedentes, no entanto os antigos ditados que um autor escreveu há tanto tempo têm uma saudável relevância.

Esta coletânea de sábios dizeres inclui mensagens e advertências pertinentes a todos os que podem estar escravizados pelos efeitos do álcool ou da sedução de outras substâncias que causam alucinações. O vício em substâncias químicas não está mais escondido, sussurrado por um seleto grupo de profissionais, atrás de portas fechadas; ele "saiu do armário". Por todo o país, há grupos em comunidades, faculdades e igrejas, não para repreender ou gritar, não para pregar ou moralizar, mas para oferecer ajuda. Profissionais treinados e viciados em recuperação dedicam seu tempo a encorajar, apoiar, orientar e instruir uns aos outros. A maioria deles já passou pelo pesadelo infernal do vício, de modo que entendem o que é se sentir preso, cativo de uma garrafa, de um comprimido, de uma inalação ou de uma injeção.

Reflexões

Praticamente todo mundo já teve problemas com consumo de drogas, ou conhece alguém que tenta combater esse vício. De que maneiras essa questão afetou você, pessoalmente? A que, ou a quem, recorre, em busca de orientação e apoio?

Dia 2: Provérbios 20, 23

MODERAÇÃO *VERSUS* VÍCIO

Como declaramos ontem, o consumo de drogas não está limitado a ruazinhas sujas, você pode encontrar o vício praticamente em todos os lugares. O apartamento de cobertura de propriedade do grande apostador; casas agradáveis onde crianças pequenas brincam; eficientes escritórios onde se fazem negócios regularmente; quartéis militares onde reina a monotonia; times esportivos profissionais, onde a competição é violenta e o dinheiro é abundante — o problema não conhece limites econômicos nem sociais. Este, no entanto, não é um fenômeno recente. Há séculos, Salomão falou sobre isso. Apesar de sua posição privilegiada entre os que eram politicamente poderosos e intelectualmente dotados, os seus textos refletem uma exposição — em primeira mão —ao problema. Aparentemente, Salomão sofreu pessoalmente com o vício, de alguma maneira, ou testemunhou essa condição nas pessoas próximas a ele.

Ele personificou o álcool como um vil criminoso:

> O vinho é escarnecedor, e a bebida forte, alvoroçadora;
> e todo aquele que neles errar nunca será sábio. (20.1)

Embora, a princípio, Salomão parecesse ter a substância em vista, um exame mais atento mostra que ele, na verdade, estava se referindo ao vício. O vinho não fermentado não era algo inerentemente ruim. Na verdade, o vinho não fermentado era uma parte necessária da vida diária, nos tempos antigos. Todos na família bebiam vinho... com moderação. Com responsabilidade!

A "bebida forte", no entanto, era diferente. Também chamada de "vinho doce", esta bebida continha uma dose substancialmente maior de álcool do que aquilo que muitas culturas chamavam de "vinho de mesa". Os fabricantes de bebida forte descobriram que a mistura de uvas com tâmaras ou romãs secas, antes da fermentação, resultava em uma bebida que provoca uma alteração mental. O mesmo processo funcionava para a destilação de cerveja forte, com a fermentação da cevada, e a mistura de frutas com alta concentração de açúcar para produzir um elevado teor alcoólico.

A palavra chave neste provérbio é a palavra hebraica traduzida como "alvoroçadora", que pode não ser a melhor tradução. O verbo original quer dizer "desviar, errar, falhar". A ênfase principal é ao pecado inadvertido, quer por ignorância ou por acidente. Neste contexto, o vinho e a bebida forte seduzem suas vítimas, como uma meretriz seduz um amante (Pv 5.20,34). Além disso, este provérbio sugere que o pecado não é, meramente, um caso de embriaguez, mas um rumo descendente no modo de vida. "Vinho" e "bebida forte" representam vício ou compulsão. Portanto, a intoxicação pode não ser meramente o efeito do álcool no cérebro, mas a influência do vício na vida de uma pessoa.

Reflexões

Qual é a sua atitude a respeito das bebidas alcoólicas? O que você acha que formou a sua perspectiva sobre o tema? Que experiência tem com o alcoolismo, e que impacto ele teve na sua vida? De que modo o vício é uma prostituta sedutora?

Dia 3: Provérbios 20, 23

UM SUBSTITUTO MORTAL

Ontem, comentamos o vinho e a bebida forte. A principal preocupação de Salomão e dos sábios não era a substância que chamamos de álcool, mas o vício em bebidas alcoólicas, ou a compulsão de beber. A mesma preocupação existe a respeito de qualquer outra substância de que alguém se torna dependente. Drogas alucinógenas, é claro, criam problemas similares, porém mais depressa e de modo mais intenso. Elas causam "embriaguez" quase que imediatamente, e muitas dessas poderosas substâncias viciam, com um único uso. Durante muitos anos, as drogas ilegais conseguiram milhares de novos viciados, a cada ano; agora, os remédios representam um problema ainda maior. Embora, certamente, eu não defenda o "uso responsável" de cocaína ou heroína — os médicos dizem que tal uso não existe — devemos aceitar o fato de que o vício não é motivado por nenhuma substância particular: o problema não está fora do viciado. A origem do vício está, na verdade, dentro do viciado. Tire uma droga de um viciado, e ele encontrará outra que a substitua. Tire o álcool da casa de um alcoólatra, e ele encontrará outra fonte. Os viciados desejam algo que lhes falta internamente. Observe como Salomão retratou este anseio nas linhas de seu provérbio poético.

> Para quem são os ais? Para quem, os pesares?
> Para quem, as pelejas? Para quem, as queixas?
> Para quem, as feridas sem causa?
> E para quem, os olhos vermelhos?
> Para os que se demoram perto do vinho,
> para os que andam buscando bebida misturada.
> Não olhes para o vinho, quando se mostra vermelho,
> quando resplandece no copo
> e se escoa suavemente.
> No seu fim, morderá como a cobra
> e, como o basilisco, picará. (23.29-32)

As quatro primeiras linhas descrevem a dor interna, que sentem todas as pessoas, mas ninguém mais que o viciado. Embora todos tenham tristezas, conflitos interpessoais, problemas que geram reclamações e profundas feridas emocionais, tudo isso é intensificado por um vício. Os viciados procuram consolação em uma substância, mas encontram apenas distração temporária, seguida por consequências físicas desagradáveis. Os "olhos vermelhos" se referem não apenas às lágrimas, mas aos olhos injetados de sangue de uma pessoa que está com ressaca.

As pessoas saudáveis sofrem tristezas, contendas, dificuldades e feridas, sem buscar o álcool ou as drogas, mas os viciados desejam a distração que a substância oferece. Observe como os viciados dedicam seu tempo ao vinho e ao "vinho misturado". Eles são obcecados com a aparência da bebida, e se perdem na experiência física. Em vez de encontrar alívio para os problemas, os viciados sofrem dor e tristeza cada vez mais profundas. A "mordida" da serpente não é, meramente, um ataque venenoso; a expressão retrata uma cobra paralisando a sua presa, antes de consumi-la inteiramente.

Reflexões

As pessoas que têm propensão a vícios têm vários traços de personalidade em comum. Algum deles descreve você, ou alguém próximo?

- Comportamento impulsivo e/ou dificuldade em retardar o desejo de gratificação
- Mau equilíbrio na vida, uma mentalidade de tudo ou nada
- Pouca tolerância à dor emocional
- Histórico de vícios na família

Essas características, isoladamente, não fazem de uma pessoa um viciado; no entanto, sugerem que ele deve estar atenta à dor emocional e a qualquer atividade que possa se tornar uma fuga compulsiva.

Dia 4: Provérbios 20, 23

A ESPIRAL DESCENDENTE DO VÍCIO

O problema do vício vai além do consumo de álcool ou drogas. É possível desenvolver o vício praticamente de qualquer substância ou comportamento compulsivo. Muito frequentemente, as pessoas recorrem a determinados comportamentos porque encontram alívio temporário da dor emocional. Por exemplo, uma mulher poderia aliviar a sua mente perturbada ou animar o seu espírito deprimido por meio de uma jornada de compras. A emoção da compra e a alegria de ter coisas novas a ajudariam a se sentir melhor... durante algum tempo. Estudos mostram que os comportamentos compulsivos, na verdade, acionam a liberação de substâncias que banham o cérebro com emoções agradáveis. O efeito é similar ao de uma substância que vicia, ainda que menos intenso. Ainda assim, a experiência produzida por esses hormônios e enzimas pode causar vício e os sintomas da abstinência, que são notavelmente severos.

Assim, a jornada de compras da mulher pode fazer com que ela se sinta melhor, durante algum tempo... até, é claro, que cheguem as contas. Então ela sente as consequências, que motivam mais tensão e depressão. Os sentimentos de culpa, vergonha, tensão e depressão, então, acionam um desejo de um comportamento compulsivo ou de substâncias que viciam, incluindo comida — e o ciclo descendente continua. A substância ou comportamento pode ser considerado viciante quando aparecem pelo menos três dos sete sinais seguintes:

1. A pessoa desenvolve uma tolerância à substância ou atividade, de modo que maiores quantidades são necessárias para alcançar o efeito desejado.

2. A pessoa sofre sintomas de abstinência.

3. A pessoa se entrega à substância ou comportamento em um nível maior ou por um período mais longo que o tencionado.

4. A pessoa sente persistente necessidade da substância ou atividade, e se sente impotente para restringir ou eliminar o seu uso.

5. A pessoa passa muito tempo buscando, obtendo, usando ou se recuperando da substância ou atividade.

6. A pessoa sacrifica importantes atividades sociais, ocupacionais, pessoais ou de recreação para usar a substância ou envolver-se na atividade compulsiva.

7. O comportamento viciante ou compulsivo continua apesar da experiência de consequências negativas, repetidas e contínuas.

Se três ou mais desses sinais se tornarem evidentes, na vida de alguém, essa pessoa pode sofrer um tipo de transformação mental. A percepção muda. As defesas aumentam. A hipocrisia controla. Observe o retrato de Salomão:

Os teus olhos olharão para as mulheres estranhas,
e o teu coração falará perversidades.
E serás como o que dorme no meio do mar
e como o que dorme no topo do mastro. (23.33,34)

Nestes versículos, o sábio descreve a sensação de embriaguez, incluindo as alucinações, a perspectiva distorcida, as decisões tolas e o enjoo. Em um sentido mais profundo, no entanto, Salomão descreveu a mente de uma pessoa viciada, sob o controle ilusório do vício. O rei continuou, falando na voz do viciado.

Espancaram-me, e não me doeu;
bateram-me, e não o senti;
quando virei a despertar?
Ainda tornarei a buscá-la outra vez. (23.35)

Essas consequências negativas têm pouco impacto sobre a decisão da pessoa viciada, sobre continuar ou não com o comportamento destrutivo. Tão logo os viciados se livrem do último conjunto de dificuldades — a última ressaca, o último problema com a lei, o último relacionamento destruído, o último emprego perdido — já estão planejando a próxima oportunidade para satisfazer seu anseio.

Reflexões

Reveja os sete sinais do vício. O que esses sinais lhe sugerem a respeito do seu comportamento — se sugerem alguma coisa? A que ou a quem você recorre, quando precisa de consolação? As pessoas que respeita confirmariam esse refúgio emocional?

Dia 5: Provérbios 20, 23

Esperança para os Desesperados

Não sou tolo a ponto de sugerir que, em uma semana, qualquer pessoa possa se livrar de um vício ou uma compulsão. Embora algumas pessoas falem de transformações da noite para o dia, essas são a exceção, e não a regra. Ainda assim, quero lhe assegurar que, em apenas uma semana, você pode começar a seguir uma direção nova e saudável. Nenhum vício — eu repito: nenhum vício — é mais forte que o Todo-Poderoso. Nunca se esqueça de que o seu poder ainda age e cura doenças e ressuscita mortos. Os desejos errados que vêm à sua vida não são novos nem diferentes.

> Não veio sobre vós tentação, senão humana; mas fiel é Deus, que vos não deixará tentar acima do que podeis; antes, com a tentação dará também o escape, para que a possais suportar.
> (1 Co 10.13)

Apesar do poder de Deus, a engrenagem do vício não é fácil de vencer. Embora Deus possa lhe preservar do seu vício, é muito mais provável que Ele tenha a intenção de lhe preservar em meio ao seu vício. Em outras palavras, possivelmente a sua cura será um processo longo. É por isso que muitas igrejas oferecem ajuda na forma de ministérios para viciados e suas famílias. As histórias de recuperação que aparecem do meio dessas pessoas corajosas não deixam de ser emocionantes.

Lembro-me de uma narrativa que envolvia um casal com vários filhos pequenos. O pai e a mãe eram viciados em cocaína, e não era incomum que passassem drogados um dia ou dois, a cada fim de semana. Graças à determinação misericordiosa, gentil, porém firme, de alguns amigos interessados, em um desses ministérios, este casal encontrou maneiras para "escapar ao poder da tentação". Se algum vício se tornou a sua engrenagem diária, recomendo que você o enfrente cara a cara. Contate a sua igreja ou veja na internet se há algum grupo que trate do seu vício através de reuniões na sua área.

Em resumo: Não faça isso sozinho. Se você luta contra um vício ou compulsão, precisa do apoio e da responsabilidade de uma comunidade que ajude a orientá-lo. Você pode precisar de um auxílio mais intensivo, por meio de uma terapia pessoal, ou talvez até mesmo uma internação. Apesar disso, Deus propiciou uma maneira para que você escape dessa terrível engrenagem. Dê esse primeiro passo em direção à cura. Não demore.

Reflexões

A sua igreja proporciona auxílio para pessoas que lutam contra vícios? Muitas não o fazem, porque não têm membros ou dinheiro suficiente. O pastor e a liderança deveriam, no entanto, saber para onde conduzir as pessoas que sofrem dessa aflição. Talvez você pudesse se apresentar como voluntário para ajudar programas de pesquisa alternativos, e estabelecer parcerias com líderes de ministérios.

Semana 19 • Provérbios 24 — 25

A Engrenagem da Vingança

*Quando cair o teu inimigo, não te alegres,
nem quando tropeçar se regozije o teu coração;
para que o Senhor isso não veja,
e seja mau aos seus olhos, e desvie dele a sua ira.
Não te aflijas por causa dos malfeitores,
nem tenhas inveja dos ímpios.
Porque o maligno não terá galardão algum,
e a lâmpada dos ímpios se apagará.*
(Pv 24.17-20)

*Se o que te aborrece tiver fome, dá-lhe pão para comer;
e, se tiver sede, dá-lhe água para beber,
porque, assim, brasas lhe amontoarás sobre a cabeça;
e o Senhor to pagará.*
(25.21,22)

Dia 1: Provérbios 24 — 25

Veneno para a Alma

Acho que Sir Francis Bacon teve a ideia certa, quando escreveu: "A vingança é um tipo de justiça selvagem; quanto mais a natureza do homem recorre a ela, mais a lei deve extirpá-la... Certamente, ao se vingar, um homem se iguala a seu inimigo; mas, ao abrir mão dela, ele é superior, pois o perdão cabe ao príncipe".[12] Se você passa muito tempo com alguém que está consumido pelo desejo de vingança, alguém que alimenta uma atitude de rancor, sabe como isso é trágico. Essas pessoas são recipientes de veneno ambulantes. É por isso que o rancor nunca se soluciona; o ressentimento corrói tudo o que toca, ultrapassa limites e acaba matando seu hospedeiro. E, para piorar as coisas, espectadores inocentes se tornam vítimas de danos colaterais, quando a pressão fica sem controle e, repentinamente, explode.

Tome nota das duas primeiras linhas dos versículos anteriores. Eles dão uma ideia quanto às origens do rancor:

> Quando cair o teu inimigo, não te alegres,
> nem quando tropeçar se regozije o teu coração. (24.17)

A palavra traduzida como "inimigo" significa, literalmente "aquele que odeia". Ou essa pessoa prejudicou você no passado, e não se arrependeu, ou ela continua a aproveitar cada oportunidade para prejudicar você agora. Obviamente, o conselho do provérbio, de que não nos alegremos com a queda dessa pessoa, ainda que seja grande a tentação de ver tal infortúnio, é justiça poética. Esse desejo, no entanto, revela um coração amargo e rancoroso, que fará a sua própria vingança, se tiver a oportunidade.

O provérbio a seguir explica por que devemos deixar de lado esse rancor e evitar sentir prazer com a dor de quem nos prejudicou:

> Para que o Senhor isso não veja [a nossa atitude], e seja mau aos seus olhos, e desvie dele a sua ira. (24.18)

Quando não conseguimos abrir mão do nosso rancor, usurpamos a função de Deus como o Juiz Supremo de todas as pessoas. Quando nos alegramos com a queda de nosso inimigo, aceitamos essa calamidade como um ato de justiça; então o foco da ira de Deus se desvia daquele que pecou contra nós e, em vez disso, se dirige à nossa própria atitude pecadora. Nesse momento, perdemos o terreno moral.

É possível que a vingança seja a sua própria engrenagem diária. Se for, acredite em mim: você não está sozinho nessa luta. Ela é um problema comum à maioria da humanidade. Não existe uma cultura em que a vingança não tenha deixado suas cicatrizes — mas isso não a justifica! Esta é a semana em que vamos revelar a vingança, em toda a sua feiura. Como um veneno que acaba convertendo uma pessoa saudável em um cadáver ambulante, se for ignorado, esta toxina deve ser neutralizada, ou deixada de lado... e quanto mais cedo, melhor.

Reflexões

Faça uma lista de algumas pessoas que prejudicaram você, de alguma maneira, e a quem, no silêncio de seu coração, você deseja que sofram algum infortúnio, como retribuição pelos seus pecados contra você. Naturalmente, conserve essa lista confidencial, mas a examinaremos durante esta semana.

Dia 2: Provérbios 24 – 25

ABRA MÃO DOS SEUS DIREITOS

Se aceitarmos que o rancor é venenoso para a alma, e que Deus exige que o deixemos de lado, a pergunta a seguir é óbvia: Como? Como podemos nos livrar desta atitude tóxica? Aqui é aonde a Palavra de Deus vem em nosso socorro. Em primeiro lugar, devemos fazer, dentro de nós mesmos, algo que é doloroso. Devemos abrir mão do nosso direito de buscar a nossa própria justiça. Este é o primeiro de dois passos para perdoar alguém. Amanhã, examinaremos o segundo passo.

Deixe a justiça a cargo de Deus

Há uma boa razão por que nós amamos a justiça. Ela é uma qualidade de Deus que trazemos dentro de nós e que, em parte, exibe a sua imagem. Deus é justo. Deus é imparcial. Deus crê na atitude de se recompensar o bom comportamento, e permitir que os malfeitores sofram a punição por suas obras. Em nenhuma passagem das Escrituras o conceito de justiça é declarado como sendo ruim. Ainda assim, Deus quer que confiemos nEle, em relação a todas as questões que exigem justiça, e que renunciemos ao nosso direito de obtê-la à nossa maneira e por meio de nós mesmos. Deus declarou isso no princípio da história de Israel:

> Minha é a vingança e a recompensa,
> ao tempo em que resvalar o seu pé;
> porque o dia da sua ruína está próximo,
> e as coisas que lhes hão de suceder se apressam a chegar.
> Porque o Senhor fará justiça ao seu povo
> e se arrependerá pelos seus servos.
> (Dt 32.35,36)

O provérbio nos tranquiliza: "Não te aflijas por causa dos malfeitores, nem tenhas inveja dos ímpios. Porque o maligno não terá galardão algum, e a lâmpada dos ímpios se apagará" (Pv 24.19,20). Deus nos dá a sua solene certeza de que lidará com a justiça em nosso nome, e exercerá o seu papel, como Juiz, com absoluta integridade. Esta promessa nos liberta, para deixarmos as mágoas anteriores no passado, e para nos concentrarmos em tomar boas decisões, para criarmos um bom futuro. Quando fazemos isso, Paulo, o apóstolo, afirmou que damos "lugar à ira de Deus" (Rm 12.19) para que ela realize o seu trabalho. Leia o seu conselho, lentamente, e cuidadosamente:

> A ninguém torneis mal por mal; procurai as coisas honestas perante todos os homens. Se for possível, quanto estiver em vós, tende paz com todos os homens. Não vos vingueis a vós mesmos, amados, mas dai lugar à ira, porque está escrito: Minha é a vingança; eu recompensarei, diz o Senhor. (Rm 12.17-19)

Reflexões

O primeiro de dois passos em direção ao perdão é abrir mão do seu direito de ver a justiça feita pelo mal que lhe foi feito. Para cada pessoa, em sua lista de pessoas que ofenderam você, repita esta oração, e marque a data.

Hoje, Senhor, eu te entrego, oficialmente, o meu direito de ver feita a justiça a respeito de _____ e do que essa pessoa fez para me prejudicar. Eu não buscarei retribuição nem prazer nos seus infortúnios. A justiça é Tua responsabilidade. Amém.

Não apresse o processo. Você pode precisar de vários dias antes de conseguir fazer esta oração sinceramente para cada pessoa de sua lista. Percorra a lista, nome após nome, e genuinamente renuncie ao seu direito de ver a justiça feita.

Dia 3: Provérbios 24 – 25

ABRACE A MISERICÓRDIA

Ontem descobrimos que perdoar alguém começa com a nossa decisão de renunciar a todos os direitos de ver a justiça feita, por causa do mal que sofremos. Esta não é uma decisão fácil. Permitir que alguém escape à sua responsabilidade é algo que requer grande sabedoria, coragem e fé. Você não está simplesmente esquecendo o assunto; está entregando esta pessoa e o seu sofrimento a Deus, confiando que Ele fará o que é correto. Ainda que isso seja algo extremamente difícil de fazer, tenho notícias inquietantes para você. É algo fácil, em comparação com a etapa seguinte do perdão genuíno.

Passo 1: Deixe a justiça a cargo de Deus. Agora, quanto ao passo 2...

Deixe a misericórdia a cargo de Deus

Deixe-me explicar o que quero dizer, por meio de uma história verdadeira.

Um homem sofreu a trágica perda de sua esposa em razão da sedução de outro homem. Os dois homens trabalhavam para o mesmo ministério cristão, mas, por uma estranha deturpação de erros administrativos, o ministro não pôde demitir o homem adúltero — e este último se recusou a deixar o emprego. (A organização, desde então, corrigiu esse problema em sua política!) O homem justo não podia se dar ao luxo de se demitir, e tentou encontrar trabalho em outro lugar. Enquanto isso, os dois homens tiveram que trabalhar muito próximos, um do outro, durante várias semanas.

Num gesto louvável, o homem justo entregou a questão da justiça a Deus, e se apegou às palavras de Deuteronômio 32.35,36, uma passagem que começa com "Minha é a vingança e a recompensa". Na verdade, este homem se alegrava com a noção de que Deus faria justiça, e esperava o dia em que o seu inimigo sentiria a vingança divina e a santa retribuição. Mas à medida que os dias se arrastavam e as semanas se passavam, nada acontecia. Nenhum fogo. Nenhum enxofre. Nenhuma retribuição celestial caiu sobre o adúltero.

No final, o homem justo teve que enfrentar uma verdade incômoda: Deus podia, na verdade, decidir mostrar misericórdia ao seu inimigo adúltero. E então? Uma coisa é confiar a Deus a vingança, esperando ver a justiça feita no devido tempo; mas outra coisa é afirmar a decisão de Deus de reter a retribuição, em uma grande exibição de misericórdia celestial!

Mas quando o justo pôde dizer: "Sim, Senhor... Tua é a vingança... e a misericórdia", ele encontrou paz. Ele havia, verdadeiramente, perdoado seu inimigo adúltero, quando chegou ao ponto de confiar que Deus faria justiça ou concederia a misericórdia, segundo a sua vontade.

Quando você tiver dado os dois passos — "Deixar a justiça a cargo de Deus" e "Deixar a misericórdia a cargo de Deus" — estará pronto, não apenas para dar, mas também para receber a graça. Este é o nosso tema para amanhã.

Reflexões

Ontem, examinamos o primeiro passo para perdoar nossos inimigos: renunciamos ao nosso direito de ver feita a justiça. Hoje, para cada pessoa de sua lista, repita esta oração:

Hoje, Senhor, eu também afirmo o teu direito de conceder misericórdia imerecida a _____, que me trouxe um grande mal. Humildemente, eu submeto ao Teu direito soberano de conceder misericórdia, como julgares adequado. Amém.

Dia 4: Provérbios 24 — 25

A GRAÇA QUE FLUI LIVREMENTE

Em uma obra intitulada "Forgiveness Is a Condition for Our Own Freedom" [O perdão é uma condição para a nossa própria liberdade], Neil Anderson escreveu o seguinte:

Perdoar não é esquecer. As pessoas que tentam esquecer descobrem que não conseguem. Deus diz que Ele "jamais se lembrará" dos nossos pecados (Hb 10.17), mas Deus, sendo onisciente, não consegue se esquecer. "Jamais se lembrar" quer dizer que Deus nunca usará o passado contra nós (Sl 103.12). Esquecer pode ser o resultado do perdão, mas nunca é o meio do perdão. Quando mencionamos o passado contra outras pessoas, é porque não as perdoamos.

O perdão é uma escolha, um ato que depende da vontade. Uma vez que Deus quer que perdoemos, isso é algo que podemos fazer. (Ele não exigiria de nós algo que não conseguíssemos fazer).

O perdão é concordar em viver com as consequências do pecado de outra pessoa. O perdão é custoso; nós pagamos o preço do mal que perdoamos. No entanto, você vai viver com essas consequências, quer queira ou não; a sua única escolha é se fará isso na amargura da falta de misericórdia, ou na liberdade do perdão.[13]

Quando você se esquece — quando decide, sinceramente, renunciar ao seu direito de ver feita a justiça, e decide não usar a ofensa contra o seu inimigo — abre o caminho para estender graça à pessoa que o prejudicou. Enquanto o perdão remove o veneno de rancor do seu corpo, a graça neutraliza completamente a toxina, para que ninguém mais seja prejudicado por ela.

Mostrar bondade a seu inimigo

A graça é, simplesmente, bondade estendida a outra pessoa, independente do mérito —ou a falta dele. A graça é mostrar bondade, sem antes considerar se essa pessoa merece isso. Salomão e os sábios nos dizem:

> Se o que te aborrece tiver fome, dá-lhe pão para comer;
> e, se tiver sede, dá-lhe água para beber. (25.21)

No antigo Oriente Próximo, era costumeiro mostrar hospitalidade a viajantes, a amigos e a estranhos, de igual maneira. Deus, no entanto, quer que o seu povo demonstre a mesma cortesia a inimigos, àqueles que prejudicaram você, sem se arrepender, e/ou aproveitariam cada oportunidade para prejudicá-lo outra vez. Deus não nos pede que sejamos tolos; você precisa se proteger de novos danos. Ainda assim, seja gentil. Dê graça. Nas palavras de Jesus: "Amai a vossos inimigos, fazei bem aos que vos aborrecem, bendizei os que vos maldizem e orai pelos que vos caluniam" (Lc 6.27,28).

O provérbio seguinte sugere um resultado potencial de exibir graça imerecida a nosso inimigo, algo que é expresso em uma curiosa figura de linguagem.

> Assim, brasas lhe amontoarás sobre a cabeça; e o Senhor to pagará. (25.22)

Ninguém sabe, ao certo, a origem desta estranha e antiga metáfora. Alguns sugerem que ela se refira a um antigo costume egípcio que consiste em carregar um recipiente com brasas sobre a cabeça, como sinal de contrição. Acredito que a frase seja meramente uma expressão que descreve a humildade, em nada diferente da nossa expressão "Ele apareceu com o chapéu na mão". Antigamente, permitir que o fogo da casa se apagasse era considerado uma tremenda falta de responsabilidade. A experiência humilhante de voltar para casa com um recipiente com brasas emprestadas por um vizinho provavelmente originou esta mensagem em prol da humildade.

Em minha própria experiência, vi a graça derreter os corações mais insensíveis, e converter inimigos em amigos. Nem sempre funciona, mas nada pode se equiparar à bondade imerecida, pela sua capacidade de desarmar os nossos inimigos. A esperança é que o nosso bom comportamento e a nossa humildade propiciem humildade e arrependimento, como retribuição.

Reflexões

Para cada pessoa de sua lista, pense em alguma maneira pela qual você pode exibir bondade. No entanto, seja sábio. Não o faça com nenhuma segunda intenção, e certifique-se de evitar embaraçar ou envergonhar o seu inimigo, agora perdoado. Na verdade, comece com atos gentis, feitos anonimamente.

Dia 5: Provérbios 24 – 25
O NOSSO GRANDE DESAFIO

Recompensar o mal com o bem não é um conceito complicado; na verdade, é muito simples. Mas é raro. É uma das tarefas mais difíceis que empreenderemos na vida. Sejamos honestos. Perdoar uma ofensa é muito mais fácil quando a pessoa culpada é contrita e pediu desculpas sinceramente. Mas quando o transgressor se alegra com o nosso sofrimento, ou se beneficia pessoalmente com a nossa queda, decidir tratá-lo com bondade desafia tudo o que sabemos sobre justiça e honradez. A benignidade é uma reação que está muito além da nossa capacidade natural. Ela requererá uma força sobrenatural — e isso é, precisamente, o que Deus prometeu.

Abrace a graça
A declaração do apóstolo Paulo — "Não te deixes vencer do mal, mas vence o mal com o bem" (Rm 12.21) — poderia ser considerada uma declaração de missão para a redenção da Criação por Deus. O seu propósito supremo no mundo é resgatar o mundo do controle do mundo, transformá-lo sobrenaturalmente, e então trazê-lo de volta sob o controle da sua justiça. Em outras palavras, Deus vencerá o mal do mundo com o seu bem. Obedecendo ao mandamento de Cristo, "Abençoai e não amaldiçoeis" (Rm 12.14; Mt 5.44) e retribuindo o mal pelo

bem, nos tornamos "imitadores de Deus" (Ef 5.1), sendo participantes ativos na sua obra.

Se, no entanto, nos recusarmos a acompanhar a Deus na sua obra, se rejeitarmos o seu chamado para estender graça aos nossos inimigos, como Ele fez, a engrenagem diária da vingança continuará a esgotar a nossa paz, drenar a nossa alegria, e minar o nosso amor, até que o façamos.

Reflexões

Quem representa o maior desafio à sua decisão de perdoar? O que você espera que aconteça, se retiver o perdão? Quão realista é esta esperança? O que pode ganhar, perdoando os seus inimigos?

Semana 20 • Provérbios 3,6,14,23—24,27

A Engrenagem da Inveja

Não tenhas inveja do homem violento,
nem escolhas nenhum de seus caminhos.
Porque o perverso é abominação para o Senhor,
mas com os sinceros está o seu segredo.
(Pv 3.31,32)

Porque furioso é o ciúme do marido;
e de maneira nenhuma perdoará no dia da vingança.
Nenhum resgate aceitará, nem consentirá,
ainda que multipliques os presentes. (6.34,35)

O coração com saúde é a vida da carne, mas a inveja é a podridão dos ossos. (14.30)

Não tenha o teu coração inveja dos pecadores;
antes, sê no temor do Senhor todo o dia.
Porque deveras há um fim bom;
não será malograda a tua esperança.
Ouve tu, filho meu, e sê sábio
e dirige no caminho o teu coração. (23.17-19)

Não tenhas inveja dos homens malignos,
nem desejes estar com eles,
porque o seu coração medita a rapina,
e os seus lábios falam maliciosamente. (24.1,2)
Não te aflijas por causa dos malfeitores,
nem tenhas inveja dos ímpios.
Porque o maligno não terá galardão algum,
e a lâmpada dos ímpios se apagará. (24.19,20)

Cruel é o furor e a impetuosa ira, mas quem parará perante a inveja? (27.4)

Dia 1: Provérbios 3, 6, 14, 23 — 24, 27

UM LADRÃO E UM TIRANO

Petrarca acertou quando escreveu: "Cinco grandes inimigos da paz habitam dentro de nós: avareza, ambição, inveja, ira e soberba; e, se esses inimigos fossem banidos, deveríamos, infalivelmente, desfrutar de perpétua paz". A inveja é, definitivamente, um dos grandes inimigos da paz interior. Como um ladrão, ela se espreita no coração sob a proteção da escuridão, e rouba o contentamento.

A inveja é o desejo de ser melhor, ou, pelo menos, igual aos colegas, em realizações, excelência ou posses. Os antigos se referiam à inveja como um sentimento maligno ou hostil. Agostinho a incluiu entre as paixões que "se enfurecem, como tiranos, e confundem toda a alma e a vida do homem, com tempestades de todos os lados".[14] Ele, então, descreveu essa alma como tendo uma "ansiedade por conseguir o que não possuía... Para onde quer que o homem se volte, a avareza pode confiná-lo, a satisfação dos próprios desejos pode dissipá-lo, a ambição pode dominá-lo, a soberba pode enchê-lo, a inveja pode torturá-lo, e a preguiça pode drogá-lo".[15]

Tortura é uma descrição apropriada daquilo que a inveja faz. Esta doença do espírito cobra um preço muito alto das suas vítimas.

Ciúme e *inveja* são, às vezes, usados alternativamente, mas há uma diferença, pequena, embora profunda, entre as duas palavras. O ciúme começa com as mãos cheias, e passa a ser o terror de perder alguma coisa. Ele se alimenta do medo da perda, e incentiva uma luta de tudo ou nada, de vida ou morte, para conservar essas posses. A inveja, no entanto, começa com as mãos vazias, lamentando o que não tem. Na obra *Purgatorio*, Dante retratou esta falha de caráter como "um mendigo cego, cujas pálpebras foram fechadas através da costura". Uma pessoa invejosa sofre imensamente, porque está fechada em si mesma.

O ciúme quer preservar o que já tem; a inveja quer ganhar o que outra pessoa possui.

Reflexões

Em uma escala de um a dez, classifique o seu grau de contentamento com o seu nível atual de riqueza e bens. O que, normalmente, motiva o seu desejo de ter mais coisas? Se você pudesse manter o seu modo de vida atual em um país do terceiro mundo, como acha que a sua atitude a respeito da riqueza material se modificaria?

Dia 2: Provérbios 3, 6, 14, 23 — 24, 27

O FEIO MONSTRO VERMELHO

Você pode ter ouvido a expressão "verde de inveja", ou a inveja mencionada como "o monstro de olhos verdes". Na Bíblia, no entanto, a inveja fazia com que os hebreus vissem as coisas em vermelho. A palavra hebraica traduzida como "inveja" e "ciúme" é *quanah*, que quer dizer "estar intensamente vermelho". Esta palavra retrata vividamente alguém fervendo de raiva, com o rosto vermelho, resultado do fluxo de sangue pela pele, indicando uma emoção violenta. Para demonstrar a amarga ironia do idioma, *zelo*, *ardor* e *inveja* vêm da mesma raiz linguística. A mesma emoção que "deixa o homem furioso" (Pv 6.34) também o inunda de um zelo apaixonado para defender a sua nação ou amar a sua esposa e os seus filhos.

A Bíblia usa *quanah* mais frequentemente no sentido negativo. Cada exemplo, no livro de Provérbios nos adverte contra a cobiça da riqueza e das posses que as pessoas malignas conseguem por meios desonestos: "Não tenhas inveja do homem violento" (3.31); "Não tenha o teu coração inveja dos pecadores" (23.17); "Não tenhas inveja dos homens malignos, nem desejes estar com eles" (24.1); "Não te aflijas por causa dos malfeitores, nem tenhas inveja dos ímpios" (24.19).

Considero essas advertências extremamente importantes, embora esta fonte de inveja não deva nos surpreender. Um jogo mental que tanta gente pratica é imaginar quão estimulante seria lançar os limites ao vento, viver sem a inconveniência da ética, fazer qualquer coisa, ir a qualquer lugar, e comportar-se sem nenhuma restrição. Vamos encarar os fatos: o pecado tem os seus prazeres sensuais e ocasionais. Eles podem ser passageiros e de curta duração (Hb 11.25), mas certamente não são monótonos!

A língua inglesa e a hebraica atribuem cores diferentes ao monstro chamado "inveja", mas ambas reconhecem o resultado dessa emoção destrutiva. A inveja leva ao pecado (Pv 14.30), e o pecado leva à vergonha, uma emoção representada pela cor vermelha. Quando os russos foram flagrados espionando na Inglaterra, Margaret Thatcher disse: "Eles foram pegos em flagrante, e agora estão vermelhos de vergonha!" Isso acontece com os que cedem à tentação da inveja.

Assim, cuidado com o verde da inveja. Ele acabará fazendo com que todos vejam as coisas em vermelho.

Reflexões

O que impede que você viva nos limites morais e éticos estabelecidos pelas Escrituras? O que o impede de sentir inveja dos que não aceitam as diretrizes bíblicas, ou que não lhe obedecem?

Dia 3: Provérbios 3, 6, 14, 23 — 24, 27

O POTENCIAL DESTRUIDOR DA INVEJA

Sejamos honestos. Às vezes, o pecado parece ter mais a nos oferecer que a justiça. Se observarmos o mundo hoje, os ímpios parecem ter todas as vantagens. Você já percebeu? Eles passam pela vida com relativa tranquilidade, escapam a problemas mentindo e enganando, podem possuir e dirigir o veículo que quiserem, vivem onde querem e com quem querem, para conseguir o que querem. E parece que sempre ficam impunes, escapando a toda explicação e responsabilidade. Se algo parece ser uma confusão, vamos ficar fora disso! Quando comparamos esse modo de vida de satisfação própria com as disciplinas da devoção a Deus e com as restrições de seus justos padrões, não é necessário ter uma instrução avançada para entender como a inveja pode se instalar. E não invejamos apenas os ímpios. Podemos invejar, igualmente, nossos companheiros cristãos.

E a inveja acontece muito depressa! E pode acontecer em dúzias das cenas da vida:

- Quando ouvimos um orador mais refinado
- Quando observamos um líder mais capacitado
- Quando visitamos uma igreja maior
- Quando lemos um livro melhor
- Quando encontramos uma mulher mais bonita, ou um homem mais bem-sucedido
- Quando ouvimos um evangelista mais eficaz
- Quando entramos em um carro mais luxuoso
- Quando ouvimos um cantor mais popular

A lista da inveja não tem fim; e nem mesmo os pregadores estão imunes a ela! Talvez esta seja a sua engrenagem diária, e ela pode estar se intensificando à medida que você vê a sua idade avançando mais do que as suas realizações. Houve, antes, uma época em que você podia deixar esse sentimento de lado e reprimi-lo. A esperança mantinha o poder da inveja mais difundido. Mas, à medida que vai ficando mais velho e os seus problemas vão acabando com a sua paciência, talvez a sua fé esteja se aproximando de uma crise significativa.

Amanhã, descobriremos o remédio para a doença da inveja. Por enquanto, no entanto, pense sobre os efeitos da inveja na sua vida espiritual.

Reflexões

Quais circunstâncias levam você, mais frequentemente, a duvidar da sua própria fé, ou questionar o seu modo de vida piedoso? Como reage a essas crises? O que ajuda você a voltar ao caminho correto?

Dia 4: Provérbios 3, 6, 14, 23 – 24, 27

A Cura para a Inveja Comum

Asafe lutava com a inveja. Ele tinha muita dificuldade para entender o fato de que as pessoas justas mal conseguiam sobreviver com o dinheiro que tinham, ao passo que as pessoas malignas desfrutavam modos de vida opulentos e suntuosos. Esta aparente injustiça o incomodava tanto, que a sua fé quase lhe falhou. Esta crise de fé poderia ter passado despercebida — quem nunca teve dificuldades com a fé? — não fosse pelo fato de que ele era o líder da adoração de Israel, responsável por organizar e conduzir os cultos para o povo do concerto de Deus. Mas, em vez de esconder as suas dúvidas, Asafe escreveu um longo cântico detalhando as questões em que ponderava, e examinando seus passos hesitantes em um labirinto de confusão teológica.

Em um ponto, no Salmo 73, ele declarou, claramente: "Quanto a mim, os meus pés quase que se desviaram; pouco faltou para que escorregassem os meus passos. Pois eu tinha inveja dos soberbos, ao ver a prosperidade dos ímpios" (vv. 2,3). Ele prossegue, detalhando as razões da sua inveja. Em resumo, os arrogantes ficavam mais ricos, e os piedosos ficavam mais pobres. E, para piorar as coisas, os ímpios maltratavam os piedosos e tentavam escarnecer de Deus. Como se a pobreza do próprio Asafe não fosse suficientemente inquietante, parecia que Deus havia recompensado as pessoas erradas, por seu comportamento errado. Na ocasião, o pecado e a rebelião pareciam ser o modo de vida mais atraente!

No entanto, a crise de fé de Asafe encontrou solução, quando ele desviou os olhos da riqueza material, para adorar a Deus.

> Quando pensava em compreender isto,
> fiquei sobremodo perturbado;
> até que entrei no santuário de Deus;
> então, entendi eu o fim deles. (Sl 73.16,17)

Voltando a concentrar a sua atenção em Deus, e não em suas circunstâncias, Asafe venceu a sua inveja. Adorar ao Senhor reorientou a sua perspectiva de três maneiras específicas:

Em primeiro lugar, Asafe reorganizou suas prioridades: a sabedoria é mais importante que a riqueza.

Em segundo lugar, ele recuperou uma perspectiva eterna: as verdadeiras recompensas da fidelidade virão depois.

Em terceiro lugar, ele reavaliou seus valores: a intimidade com Deus é o maior tesouro de todos.

Reflexões

Com que frequência você verdadeiramente adora? De que maneira pode incorporar a adoração à sua rotina semanal, entre um e outro domingo? Como pode se tornar um incentivo e um apoio para aqueles que lutam com a dúvida?

Dia 5: Provérbios 3, 6, 14, 23 — 24, 27

O Grande Médico

A inveja é uma doença da alma, que você pode ignorar durante algum tempo, mas precisará tratar. Como um câncer que cresce lentamente, ela acabará consumindo você. À medida que você fica mais velho e encontra mais injustiças na vida, não consegue desfrutar as vantagens que tem, porque pessoas menos merecedoras parecem ter privilégios e posses que você não tem. À medida que o tempo passa, esta consciência das bênçãos dos outros lhe rouba aquela "paz perpétua", enquanto a inveja lhe tortura com os seus sussurros enganosos. E, o que é ainda pior, em vez de ficar feliz por aqueles a quem Deus abençoa, você fica cada vez mais desconfiado ou rancoroso, talvez realmente raivoso. "Furioso é o ciúme do homem", lembra Salomão.

Esta é a semana para resolver o problema da inveja. Muito mais pacífico é satisfazer-se com o que Deus dá! Muito melhor é "alegrar-se com os que se alegram"! Um sinal de maturidade é a capacidade de apreciar outra pessoa mais dotada que nós... aplaudir pessoas mais honradas que nós... apreciar pessoas mais abençoadas que nós. Essa reação íntegra respalda a nossa confiança em Deus e a nossa lealdade à soberania de Deus, que "a um abate e a outro exalta" (Sl 75.7).

Convido você a se unir a Salomão, aos sábios de Israel e a Asafe; revele a sua luta interior com a inveja ao Médico da sua alma. Como a vingança, a inveja é um mal que não devemos ousar ignorar. Vamos convidar o Médico a usar o seu bisturi para extirpar o mal. Se ignorada, a inveja pode se tornar uma doença fatal para a sua alma. Convide Deus a extirpá-la hoje!

Reflexões

Você conhece os perigos da inveja, e nós descobrimos a cura. Mas o coração humano gosta dos prazeres efêmeros da inveja. Por que você acha que consideramos a inveja tão atraente? Que resultado de longo prazo pode ter a inveja na vida espiritual de uma pessoa? De que maneiras outras pessoas podem ajudá-lo a vencer a inveja na sua própria vida?

Semana 21 · Provérbios 19, 24, 28 — 30

A Engrenagem da Intolerância

*O entendimento do homem retém a sua ira;
e sua glória é passar sobre a transgressão.*
(Pv 19.11)

*Livra os que estão destinados à morte e salva os que
são levados para a matança, se os puderes retirar.
Se disseres: Eis que o não sabemos; porventura,
aquele que pondera os corações não o considerará?
E aquele que atenta para a tua alma não o saberá?
Não pagará ele ao homem conforme a sua obra?* (24.11,12)

*Ter respeito à aparência de pessoas não é bom,
porque até por um bocado de pão o homem prevaricará.*
(28.21)

*Informa-se o justo da causa dos pobres,
mas o ímpio não compreende isso.* (29.7)

*Há uma geração que amaldiçoa a seu pai
e que não bendiz a sua mãe.
Há uma geração que é pura aos seus olhos
e que nunca foi lavada da sua imundícia.
Há uma geração cujos olhos são altivos
e cujas pálpebras são levantadas para cima.
Há uma geração cujos dentes são espadas
e cujos queixais são facas,
para consumirem na terra os aflitos
e os necessitados entre os homens.* (30.11-14)

Dia 1: Provérbios 19, 24, 28 — 30

A Tolerância em sua Melhor Forma

Nos últimos anos, *tolerância* passou a ser uma palavra feia entre os evangélicos conservadores. Isso é uma pena, embora eu perceba por que o conceito ficou tão controverso. Talvez o nosso exame da intolerância deva começar com uma definição apropriada de *tolerância*. Vamos esclarecer o que queremos dizer e — o que é ainda mais importante — o que *não* queremos dizer com *tolerância*.

No melhor sentido cristão do termo, tolerância é um aspecto importante da graça. A tolerância admite a hesitação para aqueles que lutam para corresponder ao que é exigido. A tolerância admite a possibilidade de crescimento para crianças jovens e inquietas. Para o novo crente que tem dificuldades, ela sorri, em vez de censurar. Em vez de apontar, rigidamente, as regras e repetir os erros dos caídos, a tolerância se curva para ajudar os caídos e estende a mão para oferecer nova esperança e aceitação duradoura. Em meu livro, *The Grace Awakening*, eu chamei a tolerância de "a graça de deixar os outros em paz", e expliquei-a desta maneira:[16]

1. Aceitar os outros é a base para deixá-los em paz.

2. Recusar-se a ditar normas aos outros permite que o Senhor tenha liberdade para orientar as suas vidas.

3. Libertar os outros significa que nunca assumimos uma posição que não somos qualificados a ocupar.

4. Amar os outros exige que expressemos a nossa liberdade com sensatez.

A intolerância é a antítese de tudo o que acabamos de descrever. É a falta de disposição de "passar sobre a transgressão" (Pv 19.11); ela aperta as correntes da culpa e expressa uma porção de "deveres" e "obrigações". O coração do intolerante — um coração de pedra — permanece inflexível, impenetrável, crítico e inclemente.

Esta falta de tolerância não é declarada, mas sutil. É possível detectá-la em um olhar; normalmente, não em palavras. Aproveitando as palavras de Salomão, em vez de libertar os "que são levados para a matança", o intolerante justifica a sua incapacidade de ajudar, dizendo: "Eis que o não sabemos" (24.11,12). Mas o Senhor conhece tudo, e está ciente até mesmo do menor espírito de parcialidade que se esconde em nossos corações.

Reflexões

A intolerância é uma engrenagem diária para todos, vítimas e também perpetradores. Como você já vivenciou a intolerância? Que impacto ela teve no seu desejo e na sua capacidade de viver? Como a sua intolerância fez com que a vida fosse mais difícil para outra pessoa? Como você pode corrigir essa situação?

Dia 2: Provérbios 19, 24, 28 — 30

O LADO SOMBRIO DA TOLERÂNCIA

Os fundadores dos Estados Unidos formaram a nação com a premissa de que cada indivíduo, um dia, comparecerá diante de Deus e apresentará uma resposta por suas crenças e comportamento. Os Estados Unidos foram, na verdade, o primeiro estado moderno a estabelecer uma política oficial de tolerância religiosa, formalizada na primeira emenda à Constituição:

> O Congresso não promulgará nenhuma lei a respeito do estabelecimento de uma religião, nem proibindo o seu livre exercício, nem impedindo a liberdade de expressão, ou da imprensa, nem o direito que têm as pessoas de se congregar pacificamente, nem o acesso ao Governo para apresentar queixas.

Nessas poucas palavras, os fundadores dos Estados Unidos asseguravam a todos os cidadãos "a graça de deixar os outros em paz". A Constituição nos protege da interferência do governo, bem como a intromissão de nosso próximo em nosso relacionamento com Deus. Isto é legislação política e tolerância religiosa, em sua melhor forma. Esta política permite que as pessoas que discordam vivam juntas em razoável harmonia.

Recentemente, no entanto, a palavra tolerância sofreu uma reviravolta perturbadora. Como um clichê de correção política, agora a palavra significa que não apenas devemos viver pacificamente com os que têm crenças diferentes da nossa, como também devemos aceitar que as suas crenças são tão verdadeiras como a nossa! Portanto, se não afirmamos a conduta ou as crenças dos outros, somos culpados de intolerância. Considere, por exemplo, um grupo de pessoas decidindo que a poligamia é um modo de vida alternativo e válido, e pressionando o governo a reconhecer, legalmente, os múltiplos casamentos. As pessoas que exercem o seu direito, assegurado pela primeira emenda, de discordar abertamente, se tornam, então, culpadas de "intolerância". Consequentemente, tolerância acabou, infelizmente, se tornando uma palavra negativa entre muitos crentes fiéis em Cristo.

Está claro que este não é tipo de tolerância ratificado pelas Escrituras. Nesse comentário sobre questões de tolerância e intolerância, tenha em mente o fato de que nenhum crente genuíno pode considerar aquilo que é contrário à Bíblia como sendo algo bom ou verdadeiro.

Reflexões

De que maneiras você foi influenciado pela definição inapropriada de *tolerância* e *intolerância*? Como você reagiu? Tendo uma definição melhor dessas palavras, como irá reagir a futuras acusações de que você é intolerante?

Dia 3: Provérbios 19, 24, 28 — 30

AS FERIDAS DA INTOLERÂNCIA

A intolerância é uma de suas engrenagens diárias? Seja honesto. Você tem dificuldade em permitir opiniões com que você não concorda, ou o comportamento daqueles que não correspondem ao que se espera deles? Eu posso pensar em várias maneiras como a intolerância aparece:

- O saudável pode ser impaciente com o doente.
- O forte pode ter problemas em se solidarizar com o fraco.
- O rápido pode ter pouca paciência com o lento.
- O produtivo não entende o que trabalha arduamente.
- O rico mal consegue imaginar a dor da pobreza.
- A mente rápida não conhece a vergonha de aprender lentamente.
- Os que têm coordenação sacodem a cabeça negativamente diante do esquisito.
- O pragmático critica o filósofo.
- O filósofo repreende os pragmáticos por sua estrutura.
- O engenheiro tem pouca apreciação pelo artista.
- Os estáveis e seguros lutam para entender os frágeis e temerosos.

Karl Menninger escreveu, com grande percepção:

> Quando uma truta se vê presa a um anzol e se vê incapaz de nadar livremente, começa uma luta que resulta em respingos de água e, às vezes, uma fuga. Frequentemente, é claro, a situação é difícil demais para a truta. Da mesma maneira, o ser humano luta com o seu ambiente e os anzóis que o aprisionam. Às vezes, ele consegue controlar suas dificuldades; às vezes, elas são demais para ele. As suas lutas são tudo o que o mundo vê, e, naturalmente, as interpretam mal. É difícil que um peixe livre entenda o que está acontecendo a um peixe preso a um anzol.[17]

Talvez você seja um "peixe livre". Jamais tendo sentido a dor de um anzol ou o chocante pânico de estar preso, você faria bem em manter o seu orgulho sob controle!

Reflexões

De que maneiras outras pessoas interpretaram mal as suas dificuldades pessoais? De que modo as suas próprias dificuldades lhe ajudam a transmitir graça a outras pessoas? Como você reage a alguém cujas dificuldades nunca experimentou? O que você pode lhes oferecer como apoio?

Dia 4: Provérbios 19, 24, 28 — 30
Dentes como Espadas

Esta é uma excelente ocasião para revelar até mesmo a menor intolerância em sua vida, e apresentá-la diante do Senhor. O livro de Provérbios apresenta uma razão convincente para fazermos isso, com o retrato de uma pessoa como a qual não queremos ser.

Há uma geração que amaldiçoa a seu pai
e que não bendiz a sua mãe.
Há uma geração que é pura aos seus olhos
e que nunca foi lavada da sua imundícia.
Há uma geração cujos olhos são altivos
e cujas pálpebras são levantadas para cima.

Há uma geração cujos dentes são espadas
e cujos queixais são facas,
para consumirem na terra os aflitos
e os necessitados entre os homens.
(Pv 30.11-14)

Perceba como o autor descreve alguns tipos de pessoas, que são "puras aos seus olhos", cujas "pálpebras são levantadas para cima", mas essa pessoa "nunca foi lavada da sua imundícia". O hipócrita usa uma máscara de superioridade para ocultar a sua própria iniquidade. O intolerante frequentemente começa a crer em suas próprias mentiras, e se considera verdadeiramente como moralmente superior, apesar da proliferação do pecado em sua vida. Curiosamente, seus dentes se tornam como espadas, afiados como facas, e, como um animal predador, se alimenta de criaturas menos agressivas.

A quem ele devora? "Os aflitos... os necessitados" (v. 14). É claro! Como predadores no deserto, os intolerantes invariavelmente preferem devorar os fracos, os pequenos, os jovens, os feridos, os vulneráveis. Eles atacam os que consideram inferiores a eles.

Reflexões

Descreva o que você já viu sobre a maneira como os intolerantes agem. Que táticas eles empregam para ocultar as suas próprias obras e defeitos? Por que você acha que fazem os outros de presas? O que você pode fazer para ajudar as vítimas? Você é culpado de intolerância?

Dia 5: Provérbios 19, 24, 28 — 30

GENEROSIDADE COM GRAÇA

Antes de concluir o nosso estudo a respeito da intolerância, duas mensagens merecem a nossa atenção:

A alma generosa engordará,
e o que regar também será regado. (11.25)

Informa-se o justo da causa dos pobres,
mas o ímpio não compreende isso. (29.7)

A interpretação mais óbvia do primeiro provérbio nos incentiva a sermos generosos com o nosso dinheiro; mas devemos ser sábios, ampliando a aplicação para incluir a generosidade de espírito, sendo acolhedores e tendo um coração bondoso. Esses indivíduos serão generosos com a graça, e ela voltará para eles. Outras pessoas, por sua vez, reagirão à graça com aceitação e tolerância.

O segundo provérbio declara que aqueles que são verdadeiramente justos não oprimem os menos favorecidos. Em vez disso, se tornam advogados e defensores, procurando assegurar que os menos favorecidos recebam um tratamento justo. A palavra traduzida como "causa", ou "direitos", se refere ao juízo imparcial, ao acesso irrestrito a um tribunal onde um juiz imparcial poderá ouvir seu caso e aplicar a lei.

Este tipo de tolerância busca a justiça e a imparcialidade para todos. Ela não justifica o pecado, mas também protege os culpados de tratamento excessivamente rígido.

Jesus serve como um excelente exemplo disto. O nosso Senhor não conheceu pecado, não pecou, não tinha pecado. Ele nunca foi "preso" pelo mal, mas o seu coração se dirigiu àqueles que se haviam envergonhado e que se envergonhavam de seu pecado. Em certa ocasião, Ele defendeu até mesmo uma mulher flagrada no ato de adultério. Depois de salvá-la de um tratamento injusto por parte de um bando de hipócritas sedentos de sangue, Jesus disse: "Vai-te e não peques mais" (Jo 8.11).

Este é o tipo de tolerância que Deus deseja no seu povo. Permanecer firme nos padrões da justiça, e ser generoso em termos de disponibilizar a graça para aqueles que lutam para corresponder ao que se espera deles. Afinal, quem, entre nós, nunca falhou? Quem não precisou da graça?

Reflexões

Há alguém que você conheça que poderia receber um braço amigo sobre os ombros, uma palavra de incentivo, ou algumas horas de companhia? Talvez essa pessoa não corresponda às expectativas dos outros, talvez tenha uma opinião diferente sobre um assunto controverso, ou recentemente tenha passado por uma ocasião de desapontamento pessoal. Você está disposto a arriscar um contato? Consegue deixar de lado os seus próprios preconceitos, e se tornar um advogado, ou defensor?

Semana 22 • Provérbios 30

A Engrenagem de Apresentar Desculpas

*Estas quatro coisas são das mais pequenas da terra,
mas sábias, bem providas de sabedoria:
as formigas são um povo impotente;
todavia, no verão preparam a sua comida;
os coelhos são um povo débil;
e, contudo, fazem a sua casa nas rochas;
os gafanhotos não têm rei;
e, contudo, todos saem e em bandos se repartem;
a aranha, que se apanha com as mãos
e está nos paços dos reis.*
(Pv 30.24-28)

Dia 1: Provérbios 30

DILIGÊNCIA

Formigas, coelhos, gafanhotos, aranhas — parece uma lista de chamada para a arca de Noé ou, talvez, o elenco de personagens em um desenho animado. Na verdade, esses são quatro animais de que trata Provérbios 30.24-28, cada um deles exemplificando uma qualidade que as pessoas sábias e sensatas deveriam ter. A declaração inicial se refere a cada um desses quatro animais como "as mais pequenas da terra, mas sábias, bem providas de sabedoria" (v. 24). Cada um deles oferece ao leitor um intrigante contraste: uma característica notável compensa uma significativa limitação. Naturalmente, esses contrastes nos convidam a examinar cada animal e, então, apreciar como a sabedoria aplicada supera as desvantagens.

A formiga

Cedo ou tarde, em alguma ocasião, todas as pessoas se sentem impotentes ou inadequadas. Isso me aconteceu durante o terceiro ano do seminário. Naquela época, já havíamos tido o nosso primeiro filho, e eu havia me tornado assistente pastoral de meu mentor, o Dr. Dwight Pentecost, uma posição que me permitia ganhar o suficiente para ter uma vida adequada. A essas responsabilidades eu somava vinte e uma horas de crédito, e revisava dois outros cursos — uma decisão nada boa! Naquela ocasião, a mãe de Cynthia estava morrendo de câncer, eu extraí duas pedras nos rins, e um motorista bêbado se chocou contra o nosso carro; o resultado foi que meu filho quebrou o maxilar, e o nosso carro teve perda total. Para ser exato, eu tive vontade de desistir. As exigências de meu tempo e energia me solicitavam até quase o ponto de sofrer um colapso. Fisicamente exausto e espiritualmente drenado, certa noite me deixei dominar pelo desespero. Eu estava nos fundos de nossa pequena casa, debaixo do gigantesco céu do Estado do Texas, olhando para a imensidão estrelada, sentindo-me extremamente minúsculo e inadequado, e derramando o meu coração a Deus.

Provérbios 30.25 afirma que as formigas são "impotentes". Diferentemente de uma grande civilização de pessoas, elas são vulneráveis a ataques, e facilmente destruídas. Elas prosperam, apesar de sua falta de poder, porque não desistem. Servem à sua comunidade sem que haja capatazes berrando e dando ordens. Trabalham todos os dias para conseguir manter um lugar seguro onde possam viver. Recolhem zelosamente o alimento, durante os tempos de fartura, para que sobrevivam às dificuldades inevitáveis. A formiga proporciona um exemplo digno de como a diligência, a dedicação, a previsão e a engenhosidade — pouco a pouco, dia após dia — conservam a colônia alimentada, aquecida e protegida.

Naquela noite difícil, Deus me lembrou de que eu não era responsável por nada, exceto por fazer o melhor que eu pudesse no dia que estava à minha frente.

Eu não conseguia ver como pagaríamos as nossas contas, como concluiria o seminário e edificaria um lar confortável para o nosso filho. Mas podia enfrentar o dia seguinte com diligência. Então, dia após dia, e pouco a pouco, conseguimos sair daquela situação tão difícil.

Reflexões

Que desafios você está enfrentando, que fazem com que se sinta oprimido? Comece estabelecendo um plano em longo prazo para solucionar a questão, talvez com a ajuda de profissionais adequadamente treinados. A seguir, concentre-se apenas no dia que está à sua frente, e dedique a ele o melhor que você puder.

Dia 2: Provérbios 30

PRUDÊNCIA

Como disse, certa vez, o grande teólogo e sábio, Clint Eastwood: "Uma pessoa tem que conhecer as suas limitações". Os filhos vêm ao mundo sem o conceito da expressão *não consigo*. Logo, no entanto, o mundo começa a lhes ensinar que algumas coisas estão, na verdade, além do seu alcance. Quando chegamos à idade adulta, várias derrotas já ajudaram a delinear as nossas capacidades. Infelizmente, esses fracassos podem roubar a nossa confiança, de modo que nos tornamos tímidos, sem vontade de tentar alcançar objetivos dignos e perfeitamente possíveis de alcançar. As pessoas sensatas conhecem as suas limitações, mas não permitem que essas limitações se tornem desculpas.

O coelho

Agur, o sábio que escreveu este conjunto de provérbios, usou um animal bastante conhecido na Judeia para exemplificar uma característica admirável da sabedoria. A palavra traduzida como "coelho" (ou "texugo") em muitas traduções é, na verdade, *shaphan* em hebraico. O plural é *shephanim*. Diferentemente do violento texugo, familiar a muitas pessoas, o *shaphan* podia ser um coelho-de-rocha, ou uma espécie de hyrax, uma criatura que se assemelha a um grande porquinho da Índia, com orelhas curtas, um corpo gorducho, uma cauda curta e grossa, e pelo curto e marrom. Os adultos podem atingir 20 polegadas (50 cm) de comprimento, e pesar até 9 libras (4 kg). Como os cães de campina, são animais muito dóceis.

Eles se alimentam de erva pela manhã e no final da tarde, vivem em tocas e formam comunidades muito integradas. Os *shephanim* não têm uma defesa natural contra os animais que são seus predadores, animas como leopardos, serpentes, lobos e águias. Apesar de todos os animais quererem comê-los e eles seram caçados no chão e a partir do alto, poucos *shephanim* caem vítimas de seus predadores. Isto se deve ao fato de que vivem em refúgios muito seguros, permanecem perto de sua toca, e têm um sistema de sentinela notavelmente complexo. Os adultos mais velhos normalmente assumem posições em pontos de visão vantajosa e disparam um alarme ao primeiro sinal de perigo.

Em comparação com muitos animais, a vida dos *shephanim* é difícil. Eles vivem em terrenos hostis, e são criaturas relativamente indefesas. No entanto, prosperam! Reconhecem suas próprias limitações e aproveitam ao máximo suas circunstâncias. Além disso, usam o seu maior bem, a sua comunidade, da maneira mais vantajosa possível.

Todos nós temos limitações; mas pelo menos um dos segredos para obter sucesso na vida é recusar-se a permitir que as limitações se tornem desculpas, e encontrar uma maneira de, apesar delas, alcançarmos os nossos objetivos.

Reflexões

Quais limitações ameaçam impedir o seu progresso? Uma incapacidade física? Problemas financeiros? Obstáculos sociais ou políticos? Ao reconhecer as suas limitações, considere como pode improvisar, adaptar-se e vencer para alcançar os seus objetivos. Como a sua comunidade pode fazer parte da solução, e lhe ajudar a alcançar os seus objetivos?

Dia 3: Provérbios 30

COOPERAÇÃO

Grandes civilizações frequentemente realizam grandes coisas, porque têm um grande líder que tem uma visão, administra os seus recursos, organiza os seus membros, inspira a sua ação e, naturalmente, vai à frente deles. De modo geral, as pessoas conseguem melhores resultados quando têm um líder, quando alguém as ajuda a cooperar e realizar o que somente pode ser realizado com um esforço coordenado. Mas, e se não há líder?

O gafanhoto

Agur, o sábio hebreu, escreveu apenas duas linhas sobre o gafanhoto, mas essas linhas se referem a um fenômeno que cada cidadão de Israel já havia testemunhado pessoalmente. Agur se referia ao gafanhoto, um inseto que tem a tendência de formar enxames.

Poucas coisas eram mais temidas por um agricultor que uma praga de gafanhotos. Esses insetos podem se reproduzir até a sua população ficar fora de controle, e se congregam e começam a ir de um campo a outro, consumindo todas as plantações que encontram. Cada animal adulto pode ingerir o seu próprio peso em alimento. Multiplique um gafanhoto por centenas de milhares, dê-lhes plantações a comer, e você terá uma peste do Antigo Testamento de primeira qualidade. Alguns enxames produzem um som similar ao de um avião de linha comercial, passando sobre nossas cabeças.

Segundo o sábio, no entanto, essas criaturas não têm líder, ninguém que planeje, organize, coordene e execute. Ainda assim, eles se tornam uma equipe estrategicamente alinhada que "sai em bandos" para causar estragos em incontáveis acres de plantações, que devoram com impressionante eficiência. A palavra traduzida como "bandos" normalmente se refere a arqueiros, que mantinham um espaço prescrito entre cada homem. O autor usa esta imagem para enfatizar a presença da cooperação no enxame.

O segredo do sucesso de um enxame de gafanhotos é a cooperação. Cada um deles poderia voar em centenas de direções diferentes, mas se movem juntos, de um lugar a outro, em formação, alimentando-se e reproduzindo-se, até que se tornem um exército impossível de deter. Eles exemplificam um princípio que os sábios não negligenciam: juntos podemos realizar aquilo que não conseguimos realizar sozinhos.

Reflexões

Anteriormente, você considerou os desafios que você enfrenta. Examine-os outra vez, e considere como pode unir forças com outras pessoas, trabalhar com elas, para que solucionem juntos seus problemas mútuos. Por exemplo, mães solteiras que precisam de uma creche podem se associar, para dividir o custo de alguma funcionária contratada ou organizar horários para que uma possa tomar conta do filho de outra. Encontre pessoas com problemas similares, promova uma reunião e, juntas, pensem em ideias criativas sobre como atender às necessidades.

Dia 4: Provérbios 30

UTILIDADE

Ao considerarmos o quarto e último exemplo de animal de Agur, devemos lutar com um provérbio incomumente enigmático. Nós encontramos esse problema sempre que uma declaração depende, em grande parte, de uma experiência cultural comum, que não existe mais. Por exemplo, a expressão norte-americana, "Ele veio com o chapéu na mão", depende, em grande parte, da experiência compartilhada na Grande Depressão. Durante aqueles anos desesperadores, um homem com problemas financeiros poderia não ter outra escolha, exceto procurar um grupo de amigos, tentando conseguir uma doação. Era uma experiência humilhante, estender o seu chapéu, esperando, desesperadamente, que eles colocassem nele algumas preciosas moedas. Hoje em dia, muito poucas pessoas conhecem o significado desta expressão, porque nunca testemunharam esse costume — e, hoje em dia, muito poucos homens usam chapéu! De qualquer forma, e correndo o risco de acrescentar uma nova interpretação possível para Provérbios 30.28 a uma lista já bastante longa, sugiro que o autor tenciona exemplificar a sábia virtude de ser útil.

A aranha (ou lagartixa)

A palavra hebraica, traduzida como "aranha" (na versão ARC), ou "lagartixa" (na versão ARA), na maioria das traduções, é *semamit*, uma palavra que aparece esta única vez no Antigo Testamento. A maioria dos intelectuais acredita que se refere a um tipo de lagartixa. Uma palavra similar em árabe indica uma espécie de lagarto, o que levou muitas pessoas a sugerir que se trata de uma lagartixa doméstica comum, que se alimenta de insetos e outras pestes. Embora seja possível e fácil "apanhar com as mãos" uma aranha ou lagartixa, e matá-la, a maioria das pessoas as tolerava — na verdade, lhes dava o controle da casa — porque esses animais eram pouco nocivos e, na realidade, ajudavam a solucionar um problema.

A aplicação deveria ser relativamente óbvia. Sendo pequena e vulnerável, a lagartixa doméstica é bem-vinda em qualquer lar, incluindo os palácios dos reis, porque não prejudicam e, na verdade, melhoram o seu ambiente. A mesma coisa pode ser dita a respeito das pessoas sábias. Apesar de quaisquer fraquezas, incapacidades ou desvantagens todos conseguem encontrar uma maneira de ser úteis. Até mesmo as pessoas cruéis e egoístas terão alguma benevolência para com alguém que não lhes causa males e encontra maneiras de ser benéfico.

Reflexões

Durante as próximas semanas, procure maneiras de ser útil, onde quer que você esteja. No trabalho, na festa de um amigo, no shopping center, na igreja — em todo e qualquer lugar onde você vá, faça um esforço consciente para identificar uma necessidade, independentemente de quão pequena ou insignificante possa ser, e tome a iniciativa de ser útil. Perceba como essa atitude afeta o ambiente e influencia a resposta que você recebe de outras pessoas.

Dia 5: Provérbios 30

LIBERDADE NA VERDADE

Formigas, coelhos, gafanhotos e aranhas (ou lagartixas) oferecem exemplos muito significativos de virtudes que todos podemos aplicar às nossas vidas. Esses quatro animais também demonstram como escapar à engrenagem diária de apresentar desculpas. Eles têm uma dificuldade que é comum a todos eles: são relativamente pequenos, relativamente impotentes, e facilmente destruídos. Mas essas espécies continuam a prosperar porque, para cada uma, uma virtude particular compensa e supera as suas desvantagens: a formiga é diligente; o coelho é prudente; o gafanhoto é cooperativo; e a aranha (ou lagartixa) é útil.

Que essas interessantes criaturas incentivem você a examinar, resoluto, os desafios que você enfrenta, e, talvez, a sua tendência de evitar as perguntas difíceis, ignorar as advertências de um amigo, e negar as críticas que poderiam ser extremamente benéficas. Quando aceitar as suas fraquezas ou desafios, em lugar de negar, ignorar ou apresentar desculpas, você se tornará sábio. Quando você aceita verdades difíceis, tem a oportunidade de considerar alternativas, de aplicar uma das quatro virtudes que examinamos esta semana — diligência, prudência, cooperação e utilidade — e encontrar uma maneira de superar as suas dificuldades.

Usando o que você aprendeu esta semana, trabalhe duro para aceitar as suas deficiências — todos nós as temos, de uma forma ou de outra — e evite apresentar desculpas. A possibilidade de viver além daquela engrenagem começa quando aceita a verdade. Então você tem a oportunidade de se tornar sábio.

Reflexões

Dedique alguns momentos para examinar, novamente, as suas fraquezas ou os desafios que você enfrenta. Quando as negou, ignorou ou apresentou desculpas por elas? Se você aceitar as suas deficiências sem vergonha ou condenação própria, como isso mudará para melhor a sua perspectiva sobre a vida? Como esta aceitação da realidade afetará a sua capacidade de fazer planos realistas?

Semana 23 • Provérbios 3, 10, 16, 22, 23, 28
A Engrenagem da Irresponsabilidade Financeira

*Honra ao Senhor com a tua fazenda
e com as primícias de toda a tua renda;
e se encherão os teus celeiros abundantemente,
e trasbordarão de mosto os teus lagares.
(Pv 3.9,10)*

A bênção do Senhor é que enriquece, e ele não acrescenta dores. (10.22)

*Quanto melhor é adquirir a sabedoria do que o ouro!
E quanto mais excelente, adquirir a prudência do que a prata! (16.16)*

O rico domina sobre os pobres, e o que toma emprestado é servo do que empresta. (22.7)

*Não estejas entre os que dão as mãos
e entre os que ficam por fiadores de dívidas.
Se não tens com que pagar,
por que tirariam a tua cama de debaixo de ti? (22.26,27)*

*Não te canses para enriqueceres;
dá de mão à tua própria sabedoria.
Porventura, fitarás os olhos naquilo que não é nada?
Porque, certamente, isso se fará asas
e voará ao céu como a águia. (23.4,5)*

*O que lavrar a sua terra virá a fartar-se de pão,
mas o que segue a ociosos se fartará de pobreza.
O homem fiel abundará em bênçãos,
mas o que se apressa a enriquecer não ficará sem castigo.
(28.19,20)*

*Aquele que tem um olho mau corre atrás das riquezas,
mas não sabe que há de vir sobre ele a pobreza. (28.22)*

Dia 1: Provérbios 3, 10, 16, 22, 23, 28

VERDADE E LIBERDADE

Poucas "engrenagens" na vida são mais irritantes e esgotadoras do que aquelas que resultam da irresponsabilidade financeira. Muitas são as dores de cabeça e os sofrimentos que temos por gastar mais do que podemos. Grandes são as preocupações daqueles que, por exemplo, continuam a aumentar o seu nível de endividamento, gastam impulsivamente, ou emprestam dinheiro a outras pessoas, de forma indiscriminada.

Estas palavras podem ferir a sua consciência, se descrevem a sua situação. E, o que é ainda pior, elas podem descrever um lugar em que você entrou e saiu, por tanto tempo quanto consegue lembrar. Pode não lhe trazer muito consolo saber que você não está sozinho, mas talvez não haja problema mais comum entre os norte-americanos. Tão comum, que as empresas devem se proteger deste fenômeno, operando sob diretrizes muito rígidas. Tudo isto me lembra de uma placa que me fez sorrir. Ela está pendurada em um restaurante em Fort Lauderdale:

SE VOCÊ TEM MAIS DE 80 ANOS DE IDADE, E ESTÁ ACOMPANHADO DE SEUS PAIS, VAMOS ACEITAR O SEU CHEQUE.

Outro comediante descreveu, certa vez, a nossa era econômica, com estas três definições:

Recessão: Quando o vizinho perde o emprego
Depressão: Quando você perde o emprego
Pânico: Quando a sua esposa perde o emprego

Hoje, muitas famílias estão em uma situação em que o trabalho da esposa, fora de casa, não é mais meramente opcional: é uma necessidade. Não deve surpreender a ninguém o número de declarações das Escrituras a respeito do dinheiro. Muito antes que Ben Franklin expressasse sua inteligência e sua sabedoria, em *Poor Richard's Almanac*, as palavras de Salomão ofereceram sábio conselho, que estava disponível para a leitura de todos. E quando tentei classificar os ensinamentos, vi que os dizeres de Salomão abrangiam um grande espectro de temas, incluindo o dinheiro (o ganho e a herança), a liberação de dinheiro (gastos, desperdícios, empréstimos e doações), o investimento de dinheiro, a economia de dinheiro e a administração sensata do dinheiro. As palavras econômicas usadas nas Escrituras são muitas: *dinheiro, riqueza, riquezas, emprestar, tomar, gastar, dar, perder, prata, ouro, fartura, abundância, necessidade, pobreza,* e outras mais.

Depois de examinar o tema das finanças por meio dos dizeres de Salomão, eu descobri seis princípios para a administração do dinheiro. Nos próximos dias, vamos examinar cada um deles, e determinar como aplicá-los à vida de hoje.

Reflexões

Nos preparativos para esta semana, consiga um extrato bancário de todas as suas contas (conta corrente, poupança, cartões de crédito, etc.). Dedique algum tempo para examiná-los. Tome nota de padrões de gastos. Usando canetas de várias cores, destaque itens, segundo categorias, como despesas da casa (hipoteca, aluguel, eletricidade, etc.); diversão; educação; doação; e gastos arbitrários. Para alguns leitores, esta será uma tarefa difícil. Na sua perseverança, lembre-se do que Jesus disse: a verdade vos libertará (Jo 8.32).

Dia 2: Provérbios 3, 10, 16, 22, 23, 28

ONDE ESTÁ O SEU TESOURO...

Ao estudar o livro de Provérbios, descobri vários princípios que me ajudaram a entender a administração do dinheiro, da perspectiva de Deus. Não são sugestões para pagar menos impostos, nem estratégias para ganhar riquezas, embora fazer as coisas à maneira de Deus certamente seja sempre muito útil. O Senhor está mais interessado na maneira como a nossa administração do dinheiro afeta a nossa vida espiritual, e como as nossas finanças influenciam o nosso relacionamento com Ele e o seu povo.

Aqui está o primeiro princípio:

1. Os que honram a Deus com seu dinheiro recebem bênçãos.

Honra ao Senhor com a tua fazenda e com as primícias de toda a tua renda;
e se encherão os teus celeiros abundantemente,
e trasbordarão de mosto os teus lagares. (Pv 3.9,10)

A bênção do Senhor é que enriquece, e ele não acrescenta dores. (10.22)

O mal perseguirá aos pecadores, mas os justos serão galardoados com o bem. (13.21)

Durante anos, tenho dito que é possível saber muito mais, a respeito da dedicação de um indivíduo a Deus, olhando o seu extrato bancário que olhando para a sua Bíblia. Repetidas vezes, nas Escrituras, lemos sobre as bênçãos que Deus concede (nem todas elas tangíveis, a propósito) aos que "honram ao Senhor" com suas finanças. No sentido prático, isso quer dizer doar generosamente, tanto para melhorar a vida dos menos privilegiados como para permitir que aqueles que não conhecem a Cristo ouçam as Boas-Novas.

Embora os cristãos tenham o solene dever de sustentar o ministério de sua igreja local, muitos encontram grande alegria ao doar a ministérios que realizam o trabalho do Reino de outras formas que também são importantes. Para alguns, é dar de comer aos pobres. Outros sustentam financeiramente os esforços para levar o Evangelho a terras estrangeiras, propiciar cuidados de saúde para mães necessitadas, combater o tráfico humano, ou fornecer água limpa a aldeias distantes.

2. Os que fazem de suas riquezas a sua paixão perdem muito mais do que ganham.

Não te canses para enriqueceres;
dá de mão à tua própria sabedoria.
Porventura, fitarás os olhos naquilo que não é nada?
Porque, certamente, isso se fará asas
e voará ao céu como a águia. (23.4,5)

Quem não foi tentado por algum esquema para enriquecer rapidamente? E pense nas milhares de pessoas que são atraídas ao amplo e suculento apelo de investidores, que prometem ganhos fáceis e atrativos demais. Cuidado com declarações do tipo: "É uma oportunidade única", e "Embarque nessa aventura". Quando você ouvir esse tipo de coisas, procure ouvir o bater de asas de águias, e dê ouvidos às palavras da sabedoria de Salomão!

O que lavrar a sua terra virá a fartar-se de pão,
mas o que segue a ociosos se fartará de pobreza.
O homem fiel abundará em bênçãos,
mas o que se apressa a enriquecer não ficará sem castigo.
Aquele que tem um olho mau corre atrás das riquezas,
mas não sabe que há de vir sobre ele a pobreza. (28.19,20, 22)

Reflexões

Ao examinar os seus registros bancários, quanto dinheiro você doou à sua igreja e a importantes entidades de caridade, em comparação com a quantidade que você gastou em diversão? Quanto do seu dinheiro pode separar para doação? Se a quantia parece insignificante, lembre-se de que um único dólar faz grandes coisas em países subdesenvolvidos.

𝒟ia 3: 𝒫rovérbios 3, 10, 16, 22, 23, 28

UMA ESCOLHA DIFÍCIL

Continuando a examinar os princípios de Deus para administração do dinheiro, descobrimos uma conexão entre a sabedoria e a riqueza.

3. A sabedoria traz orientação para a riqueza.

Se você tem uma escolha entre a sabedoria e a riqueza, tenha certeza: a sabedoria deve ser a preferida! Com a sabedoria, você tem uma oportunidade melhor de conseguir mais riqueza, mas a riqueza não pode comprar sabedoria. E se você for suficientemente felizardo para obter riquezas, a sabedoria lhe manterá longe de problemas.

> Aceitai a minha correção, e não a prata,
> e o conhecimento mais do que o ouro fino escolhido.
> Porque melhor é a sabedoria do que os rubins;
> e de tudo o que se deseja nada se pode comparar com ela...
> Riquezas e honra estão comigo;
> sim, riquezas duráveis e justiça.
> Melhor é o meu fruto do que o ouro, sim, do que o ouro refinado;
> e as minhas novidades, melhores do que a prata escolhida.
> (8.10,11,18,19)

> Quanto melhor é adquirir a sabedoria do que o ouro! E quanto mais excelente, adquirir a prudência do que a prata!
> (16.16)

A sabedoria dota aquele que a recebe de grandes finanças com a restrição e o controle necessários para evitar um desastre econômico. Além disso, a sabedoria nos ajuda a conservar o equilíbrio essencial, pois uma grande quantidade de riqueza pode ser algo emocionante. Em toda a história humana, a riqueza nunca fez com que alguém fosse honesto, ou generoso, ou criterioso; a sabedoria deve estar presente para conduzir a nossa embarcação sem que corra o risco de se chocar com os corais rasos. O que nos leva ao quarto princípio de administração financeira.

4. Muitas riquezas trazem muitas complicações.

No exame do registro bíblico, encontro várias complicações mencionadas no livro de Provérbios:

- Uma falsa sensação de segurança

A fazenda do rico é a cidade da sua fortaleza;
a destruição dos pobres é a sua pobreza. (10.15)
A fazenda do rico é sua cidade forte
e, como um muro alto, na sua imaginação. (18.11)

- Um súbito afluxo de muitos novos "amigos"

O que anda na sua sinceridade teme ao Senhor,
mas o que se desvia de seus caminhos despreza-o. (14.2)
O homem que tem muitos amigos pode congratular-se,
mas há amigo mais chegado do que um irmão. (18.24)
As riquezas granjeiam muitos amigos,
mas ao pobre o seu próprio amigo o deixa. (19.4)

- Maior probabilidade de arrogância e soberba

O pobre fala com rogos,
mas o rico responde com durezas. (18.23)
O homem rico é sábio aos seus próprios olhos;
mas o pobre que é sábio o examina. (28.11)

- Aumento de tentações morais

Não cobices no teu coração a sua formosura,
nem te prendas com os seus olhos.
Porque por causa de uma mulher prostituta se chega a pedir
um bocado de pão;
e a adúltera anda à caça de preciosa vida.
Tomará alguém fogo no seu seio,
sem que as suas vestes se queimem?
Ou andará alguém sobre as brasas,
sem que se queimem os seus pés? (6.25-28)

O homem que ama a sabedoria alegra a seu pai,
mas o companheiro de prostitutas desperdiça a fazenda. (29.3)

Reflexões

Se você pudesse escolher entre muita sabedoria ou muita riqueza, qual você aceitaria, e por quê? Os seus extratos bancários refletem a sua escolha? O que você pode fazer para que os seus gastos estejam de acordo com as prioridades de Deus?

Dia 4: Provérbios 3, 10, 16, 22, 23, 28

O VALOR DO DINHEIRO

Provavelmente, você já ouviu a expressão: "O dinheiro não compra a felicidade". Pessoalmente, tenho dificuldades com essa declaração, porque consigo pensar em muitas coisas que poderia comprar e que poderiam me fazer muito feliz! Pelo menos, durante algum tempo. Dito isso, também poderia afirmar — com base na experiência pessoal — a validade absoluta do quinto princípio bíblico a respeito do dinheiro.

5. O dinheiro não pode comprar os bens mais preciosos da vida.

É estranho como tantas pessoas vivem com a ilusão de que uma conta bancária bem "gorda" possibilita as melhores coisas na vida — quando, na verdade, não proporciona nada disso. Não me entenda mal. Não há nada de errado em ter a riqueza, se você a ganhou honestamente, e se a sua perspectiva sobre a sua riqueza continua sendo bíblica. Posso citar as palavras da cantora de vaudeville, Sophie Tucker, que disse, de maneira excepcional, "Eu já fui rica, e já fui pobre — e ser rico é melhor".

No entanto, a vida boa não deve ser equiparada à "verdadeira vida" que Paulo chamou de "vida eterna" (1 Tm 6.19). O dinheiro não apenas compra coisas que estão à venda, mas felicidade, uma consciência limpa e a liberdade de preocupações não estão à venda! O dinheiro pode ser usado para comprar casas lindas e confortáveis, férias prazerosas, e maravilhosas obras de arte. Mas as coisas mais importantes da vida não estão à venda. Quais são alguns desses valiosos bens?

- Paz
Melhor é o pouco com o temor do Senhor
do que um grande tesouro onde há inquietação. (15.16)

- Amor
Melhor é a comida de hortaliça onde há amor
do que o boi gordo e, com ele, o ódio. (15.17)

- Um bom nome, uma reputação imaculada, e um respeito inabalável
Mais digno de ser escolhido é o bom nome do que as muitas riquezas;
e a graça é melhor do que a riqueza e o ouro. (22.1)

- Integridade
Melhor é o pobre que anda na sua sinceridade
do que o de caminhos perversos, ainda que seja rico. (28.6)

Reflexões

Correndo o risco de parecer banal, vou encorajá-lo a dedicar tempo para contar suas bênçãos intangíveis. Deixando de lado o dinheiro e as posses, pelo que você é verdadeiramente agradecido? O que você pode fazer, para aumentar seus bens intangíveis, como saúde, relacionamentos, contentamento, sabedoria, etc.?

Dia 5: Provérbios 3, 10, 16, 22, 23, 28

A Diferença que a Sabedoria Faz

No dia anterior à extração de um prêmio de loteria de mais de 600 milhões de dólares, um repórter anunciou que 40% das pessoas que haviam ganhado o grande prêmio no passado haviam falido depois de cinco anos. Fiquei espantado com essa estatística — esperava que fosse maior! Isso é porque eu vi, pessoalmente, este próximo princípio de administração do dinheiro em ação.

6. Se administrado com sensatez, o dinheiro pode ser motivo de grande encorajamento, mas, se administrado de maneira imprópria, trará grande tensão.

> O mal perseguirá aos pecadores,
> mas os justos serão galardoados com o bem.
> O homem de bem deixa uma herança aos filhos de seus filhos,
> mas a riqueza do pecador é depositada para o justo. (13.21,22)

Muitos ganhadores de loteria, infelizmente, descobrem que não estavam preparados para lidar com as exigências de grandes riquezas. Eles exibiram seu dinheiro, caíram vítimas de esquemas de investimentos insensatos de familiares e amigos, e sucumbiram aos incansáveis apelos de entidades de caridade. Alguns até mesmo cometeram suicídio.

Quem pode avaliar o encorajamento que o nosso dinheiro pode trazer a outras pessoas? Se criados da maneira adequada, nossos filhos podem se beneficiar de uma herança de seus pais, e com alegria. A Palavra de Deus admoesta os pais, para que sustentem suas famílias. Os ministérios de todo tipo dependem da generosidade financeira daqueles que os sustentam. Os famintos podem ser alimentados, os pobres podem ser vestidos, os sem teto podem ser abrigados, os que sofrem violência podem ser consolados, os que não receberam instrução podem ser educados... A lista de possibilidades é, verdadeiramente, interminável.

No entanto, há o outro lado:

> O rico domina sobre os pobres,
> e o que toma emprestado é servo do que empresta.
> Não estejas entre os que dão as mãos
> e entre os que ficam por fiadores de dívidas.
> Se não tens com que pagar,
> por que tirariam a tua cama de debaixo de ti? (22.7,26,27)

Faça uma pausa depois de ler essas palavras... especialmente *servo*. Nenhum outro termo descreve melhor o sentimento de ser irresponsável financeiramente. Se esta for a sua "engrenagem", deixe-me encorajar você a não mais ignorá-la. Não apresente mais desculpas. Há muitos livros úteis e recursos confiáveis que estão disponíveis para você. Você não tem razão para continuar agindo de maneira irresponsável. Comece esta semana o processo de mudança.

Reflexões

Existem vários ministérios cristãos para ajudar os crentes a conquistar sabedoria a respeito de questões financeiras. Busque na internet, ou pergunte à sua igreja a respeito desses excelentes recursos. Não adie. Independentemente de quão difícil é a sua situação financeira, nunca é tarde demais para começar a fazer o que é certo.

Semana 24 • Provérbios 31

A Engrenagem da Maternidade

Mulher virtuosa, quem a achará?
O seu valor muito excede o de rubins.
O coração do seu marido está nela confiado,
e a ela nenhuma fazenda faltará.
Ela lhe faz bem e não mal,
todos os dias da sua vida.
Busca lã e linho
e trabalha de boa vontade com as suas mãos.
É como o navio mercante:
de longe traz o seu pão.
Ainda de noite, se levanta
e dá mantimento à sua casa
e a tarefa às suas servas.
Examina uma herdade e adquire-a;
planta uma vinha com o fruto de suas mãos.
Cinge os lombos de força
e fortalece os braços.
Prova e vê que é boa sua mercadoria;
e a sua lâmpada não se apaga de noite.
Estende as mãos ao fuso,
e as palmas das suas mãos pegam na roca.
Abre a mão ao aflito;
e ao necessitado estende as mãos.
Não temerá, por causa da neve,
porque toda a sua casa anda forrada de roupa dobrada.
Faz para si tapeçaria; de linho fino

e de púrpura é a sua veste.
Conhece-se o seu marido nas portas,
quando se assenta com os anciãos da terra.
Faz panos de linho fino, e vende-os,
e dá cintas aos mercadores.
A força e a glória são as suas vestes,
e ri-se do dia futuro.
Abre a boca com sabedoria,
e a lei da beneficência está na sua língua.
Olha pelo governo de sua casa e não come o pão da preguiça.
Levantam-se seus filhos, e chamam-na bem-aventurada;
como também seu marido, que a louva, dizendo:
Muitas filhas agiram virtuosamente,
mas tu a todas és superior.
Enganosa é a graça, e vaidade, a formosura,
mas a mulher que teme ao Senhor, essa será louvada.
Dai-lhe do fruto das suas mãos,
e louvem-na nas portas as suas obras.
(Pv 31.10-31)

Dia 1: Provérbios 31

GRANDES EXPECTATIVAS

Sem ignorar as alegrias, recompensas e aqueles momentos super especiais da maternidade, eu realmente quero reconhecer que as tarefas diárias dessa função podem ser um trabalho pesado! Lavar pilhas de roupas; passar; dobrar; limpar; comprar; cozinhar; transportar; ser um juiz, técnico, encorajador, conselheiro, policial; continuar sendo diplomática, amável, misericordiosa, animada, responsável, equilibrada e sã (!) — todos os dias, realidades incessantemente repetitivas, como todas estas (e há mais!) podem fazer com que as mães de hoje se sintam presas e esgotadas.

Além disso, há muita coisa que as mães podem conhecer e aprender. Ser uma mãe não é algo que "simplesmente acontece" depois que você tem um filho. É um absurdo pensar que dar à luz faz de você, automaticamente, uma boa mãe, da mesma maneira como pensar que ter um piano automaticamente faz de você um bom músico. Há uma enorme quantidade de trabalho na maternidade, muito mais do que a maioria das pessoas —incluindo muitos maridos — jamais saberá.

Entre os dizeres eloquentes das Escrituras, há um tratado extraordinário sobre o papel da mãe. Ele é, ao mesmo tempo, profundo e prático, cheio de sábios conselhos e forte encorajamento. Quem lê essa seção percebe que Deus valoriza a mulher que dá ao seu lar a prioridade que ele merece. Ele também a vê como uma pessoa, distinta e diferente de seu marido, e que encontra realização em suas variadas responsabilidades e funções.

Esta semana, vamos examinar mais detalhadamente alguém que o sábio Lemuel chamou de "mulher virtuosa" (Pv 31.10).

Reflexões

Antes de examinarmos o retrato que a Bíblia apresenta da excelência feminina, considere a maneira como a sua cultura define a mulher ideal. Quais qualidades a sua sociedade espera nela? Quão realistas são esses padrões? Como esses padrões interferem na opinião que você tem de si mesma?

Dia 2: Provérbios 31

CONFIABILIDADE

Nas linhas iniciais de sua ode à mulher virtuosa, Lemuel expressa sua grande admiração por uma pessoa próxima a ele. Obviamente, escreve com base na observação pessoal de alguém verdadeiramente excelente — talvez sua própria esposa, ou mãe.

A palavra hebraica traduzida como "esposa" é o termo genérico para "mulher", e o homem sábio descreveu a mulher virtuosa como uma esposa e mãe porque, na sua cultura, a maioria das mulheres era as duas coisas. Ainda assim, as qualidades que menciona ainda se aplicam a todas as mulheres, independentemente de suas circunstâncias. A pergunta retórica do poeta, "quem a achará?" e a comparação que ele faz desta mulher com uma pedra preciosa ressalta o fato de que uma mulher verdadeiramente excelente é algo raro. Um marido sábio, portanto, aprecia plenamente o valor de sua esposa.

> O coração do seu marido está nela confiado,
> e a ela nenhuma fazenda faltará.
> Ela lhe faz bem e não mal,
> todos os dias da sua vida.
> Conhece-se o seu marido nas portas,
> quando se assenta com os anciãos da terra.
> Levantam-se seus filhos, e chamam-na bem-aventurada;
> como também seu marido, que a louva, dizendo:
> Muitas filhas agiram virtuosamente,
> mas tu a todas és superior. (Pv 31.11,12, 23, 28,29)

Perceba a afirmação e o respeito que estão contidos nessas palavras. Há também apoio e companheirismo entre marido e mulher; esta mulher trabalha ao lado de seu marido, como sua companheira fiel. Ele, por sua vez, a elogia publicamente e a confirma, em particular. Ele assegura que seus filhos apreciem a bondade dela.

Reflexões

A mulher virtuosa é uma companheira confiável, no casamento e no trabalho. O que você faz, em seus relacionamentos, para cultivar confiança? Os seus familiares, amigos e colaboradores consideram você confiável? Se você não tem certeza, pergunte a eles.

Dia 3: Provérbios 31

ENGENHOSIDADE

Para ser honesto, nunca entendi muito bem a declaração dogmática: "O lugar de uma mulher é no lar". Embora concorde que a responsabilidade por prover compete ao homem da casa, não vejo, nas Escrituras, nada que sugira que a mulher não participe desta tarefa. Ao contrário, a "mulher virtuosa" de Provérbios 31 não está nada aquém de um gênio nos negócios. Longe de estar presa em casa, e relegada a fazer apenas aquelas tarefas restritas, ela é encarregada de um empreendimento importante, de supervisionar estoques, vendas, marketing, mão de obra, distribuição e investimentos!

Veja a lista de suas atividades, mencionada nos versículos 13-27.

- Ela procura bons produtos.
- Ela trabalha com as mãos.
- Ela investe os seus ganhos.
- Ela toma decisões relativas à moradia e propriedade.
- Ela sustenta a si mesma e à sua família.
- Ela tem o seu próprio negócio de vestuário.
- Ela até mesmo ensina outras pessoas, através da sua sabedoria.

Esta mulher não é simplesmente uma trabalhadora: ela é uma parceira igual, em cada aspecto da administração dos bens da família. Embora o marido seja responsável pela liderança, as suas responsabilidades incluem apoiar as ambições de sua esposa e ajudá-la a alcançar todo o seu potencial. Por sua vez, a mulher virtuosa e satisfeita é engenhosa, misericordiosa, forte e segura. Eu adoro o trecho que diz:

"Cinge os lombos de força e fortalece os braços" (v. 17). Somente um homem dolorosamente inseguro não desejaria ter esse tipo de esposa.

Que retrato de beleza e força! Você consegue vê-la sorrindo, ao olhar para o horizonte distante de sua vida? Ela não é insegura nem amedrontada. O mundo dela é maior que as exigências imediatas de hoje. A sua força é uma força interior, uma sensação de confiança em Deus. Não é de admirar que os filhos dela chamam-na "bem-aventurada"! Não é de admirar que seu marido, alegremente, "a louva"!

Reflexões

De que maneiras você pode sustentar a sua família e atender às necessidades da casa? Quais talentos ou habilidades você pode empregar não apenas para o bem do seu lar, mas também para se sentir realizada? Como você e outras pessoas, de sua casa, podem trabalhar juntos, para ajudar você a alcançar todo o seu potencial?

Dia 4: Provérbios 31

CONFIANÇA PIEDOSA

A "mulher virtuosa" de Provérbios 31 lança uma longa sombra para todas as suas irmãs, ao longo de toda a história! Ela não é apenas forte, sábia, confiável, engenhosa e bem-sucedida, mas também "teme ao Senhor" (v. 30).

A palavra hebraica traduzida como "temer" tem uma grande variedade de significados, incluindo a ideia de reverência respeitosa. Eu aprendi sobre esse tipo de temor quando, recém saído do Ensino Superior, iniciei minha instrução formal para me tornar um engenheiro mecânico. A minha educação incluía um estágio em uma oficina mecânica, onde eu trabalhava com tornos, prensas, máquinas de amolar e moer, todas impulsionadas por motores de alta velocidade e carga pesada. Percebi, rapidamente, que alguns de meus colegas tinham menos dedos do que quando nasceram. Surpreendentemente, no entanto, nenhum deles havia sofrido um acidente sério quando iniciante; eles perderam seus dedos quando perderam o medo das máquinas que operavam. A falta de reverência pelo poder das máquinas os tornou complacentes e descuidados.

A "mulher virtuosa" reverencia o Senhor. Ela anda com Deus. Ela o tem na mais elevada consideração. Ela tem um relacionamento íntimo com aquEle que lhe deu a vida, que mantém a sua saúde, que cultiva o seu caráter, que preserva o seu esposo, protege seus filhos, apoia suas ideias, inspira sua criatividade, alimenta sua determinação e a abençoa. Consequentemente, ela ataca os desafios com confiança. De alguma maneira, você tem a impressão de que esta mulher não se sente uma vítima de quatro paredes, nem escrava de um esposo e uma casa cheia de crianças. Certamente, ela não é uma inválida social que se sente inadequada e oprimida. Não mesmo! Ela encontrou um equilíbrio saudável entre ser ela mesma e permanecer extremamente envolvida com a sua família, e devotada a ela. Ela desfruta o seu marido e os seus filhos — e encontra outras dimensões de satisfação além deles.

Reflexões

Como pode um relacionamento saudável com Deus impulsionar a sua confiança? De que maneiras um relacionamento com Deus influencia os seus relacionamentos com pessoas? O que você faz para cultivar um relacionamento autêntico com o Senhor?

Dia 5: Provérbios 31

UM JUGO IGUAL

Em 2 Coríntios 6.14 o apóstolo Paulo advertiu os crentes para que evitassem estar presos a um "jugo desigual" com os descrentes. Ele usou a imagem de dois bois — um forte, o outro fraco — presos juntos para puxar um arado. Todos os agricultores daquela época sabiam qual seria o resultado: invariavelmente, o animal mais fraco definiria o ritmo. O animal mais forte, tentando acompanhar seu parceiro, não trabalharia usando todo o seu potencial.

Deixando de lado as questões da salvação, a mesma coisa é válida para os parceiros casados: a desigualdade de caráter limitará as duas pessoas. Um marido preguiçoso sobrecarregará uma mulher engenhosa, até a sua destruição. Uma esposa indigna de confiança impede que um homem honesto encontre o sucesso. A mulher virtuosa deve ter um homem virtuoso ao seu lado. Ele deve ser incrivelmente seguro, e verdadeiramente generoso. Ele não apenas está disposto a permitir que ela encontre a realização além dele, como a encoraja e confirma para que faça isso. Ele a louva, declarando, abertamente: "Muitas filhas agiram virtuosamente, mas tu a todas és superior" (31.29).

Este homem merece um segundo olhar, meus amigos que também são casados. Talvez seja apenas o ego masculino de minha parte, mas estou convencido de que uma razão significativa pela qual esta "mulher virtuosa", que vale muito mais do que pedras preciosas, encontrava a realização pessoal em sua função como esposa, mãe, mulher de negócios, investidora, anfitriã e amiga dos necessitados: o fato de que seu marido apoiava e confirmava essas qualidades nela. Ele encontrava deleite nas atividades dela, e a encorajava a ser a melhor mãe possível, a estender a mão aos outros, a se tornar tudo aquilo para que Deus a criara.

Para as mulheres que são abençoadas com um esposo como esse, a maternidade é uma glória, e não um trabalho pesado.

Reflexões

Dedique algum tempo para uma avaliação honesta. Se você é uma mulher, tome nota de vários segredos de bastidores da vida desta mulher:

- A sua atitude positiva
- O seu espírito indomável
- A sua determinação segura
- A sua energia ilimitada
- A sua força interior

Se você é um esposo, reveja os comentários que fiz nesta última seção. Você é um marido digno de uma esposa virtuosa? O que você pode fazer para apoiar e encorajar a sua esposa, para que ela exercite as suas habilidades e encontre a realização pessoal usando as aspirações que Deus lhe deu?

Semana 25 • Provérbios 6

A Engrenagem de Desagradar a Deus

Estas seis coisas aborrece o Senhor,
e a sétima a sua alma abomina:
olhos altivos, e língua mentirosa,
e mãos que derramam sangue inocente,
e coração que maquina pensamentos viciosos,
e pés que se apressam a correr para o mal,
e testemunha falsa que profere mentiras,
e o que semeia contendas entre irmãos.
(Pv 6.16-19)

Dia 1: Provérbios 6

Boas Intenções

Embora tenhamos mencionado vários aspectos deste assunto, e tenhamos examinado esses dizeres em mais de uma ocasião no nosso estudo, precisamos lhes dedicar um pouco mais de atenção. Quem nunca teve problemas com a engrenagem diária de desagradar ao Senhor? Há alguma coisa que traz maior dor à alma? Ninguém começa o dia pensando em como vai desagradar a Deus. Ao contrário, a maioria das pessoas que conheço encara o amanhecer com grandes esperanças de agradá-lo. Em nossas mentes, estabelecemos um plano que inclui uma boa atitude e atividades saudáveis. Algumas pessoas se preparam para possíveis tentações e provações, encontrando-se com Deus no início da manhã, e dedicando-lhe o seu dia. No entanto, mesmo quando fazemos isso, antes da metade da manhã já podemos nos comportar de maneiras que são claramente desencorajadoras, se não completamente desmoralizantes.

Esta semana, vamos nos concentrar em um objetivo específico, uma maneira específica de agradar ao nosso Pai celestial. Em vez de orar em termos gerais: "Senhor, ajuda-me a agradar-te", podemos nos beneficiar mais, mencionando sete áreas específicas em que precisamos de ajuda. Esta lista de sete é inspirada — Salomão as chamou de "as sete coisas que aborrecem" ao nosso Senhor. No final de cada um dos sete comentários a seguir, você encontrará uma sugestão de oração.

Reflexões

Qual é a sua principal motivação, ao desejar agradar ao Senhor? Você quer agradar a Deus para que a vida vá bem, ou você quer honrar ao Senhor com uma vida de bem? Seja honesto. Como a sua motivação afetará o seu sucesso?

Dia 2: Provérbios 6

SOBERBA E MENTIRA

O conselho paterno de Salomão a seu filho começa com o foco em partes do corpo, começando pela cabeça, e seguindo de cima para baixo: olhos, língua, mãos, coração e pés. Hoje, começamos de cima para baixo.

1. Olhos altivos

Como diz o antigo ditado: "Os olhos são uma janela para a alma". Você sabia que há cinco músculos faciais dedicados a cada olho? Esses dez músculos não têm outro propósito, além de expressar emoção com os olhos. Os olhos, propriamente ditos, também ajudam a transmitir muitos de nossos sentimentos ou atitudes não expressos por palavras. Os olhos podem indicar raiva, impaciência, tristeza, sarcasmo, culpa e, em particular, soberba ou orgulho. Naturalmente, é esta última característica que Deus considera "abominável", que "aborrece" a Deus.

A palavra hebraica para "abominação" se refere a qualquer coisa que Deus considere pessoalmente repugnante. O que é abominável para Deus ofende o seu caráter, e Ele se ressente. Assim, o que Ele considera detestável? Uma atitude "altiva". A palavra hebraica significa "ser alto ou elevado", sugerindo a ideia de se colocar acima dos outros, em uma posição de superioridade, e menosprezando os outros.

Deus considera esta atitude completamente absurda. O nosso universo é medido por "éons" e anos-luz, de modo que, para o Deus que tudo criou, uma pessoa que mede 1,80m de altura bem poderia medir seis milímetros. Considerando a situação de vantagem do céu, a ideia de que uma criatura insignificante menospreze outra é digna de escárnio e repúdio.

Oremos todos, "Senhor, revela-me qualquer arrogância oculta, e remove-a imediatamente"!

2. Uma língua mentirosa

Em outras passagens no livro de Provérbios, os sábios escreveram:

> Os lábios mentirosos são abomináveis ao Senhor, mas os que agem fielmente são o seu deleite. (12.22)
>
> Não convém ao tolo a fala excelente; quanto menos ao príncipe, o lábio mentiroso. (17.7)

A mentira assume três principais formas. O primeiro tipo é uma falsidade a respeito do passado, tentando reformular a história, apresentando-a sob uma luz mais favorável. Nem todas as mentiras são grandes e ousadas. Meias-verdades e exageros também são classificados, sem dúvida, como mentiras. O mentiroso pode deturpar eventos passados, para destacar detalhes favoráveis, e minimizar fatos que deseja ignorar.

O segundo tipo de mentira adultera o presente. A adulação se encaixa nessa categoria, como também a insinceridade, a sedução ou qualquer outra tentativa de modificar a percepção de outra pessoa, visando ganho pessoal. A soberba também pertence a este grupo, pois é uma forma de autoilusão.

A terceira mentira diz respeito ao futuro e pode assumir a forma de falsas promessas, compromissos vazios e assinatura de contratos com má fé. Este tipo de mentira representa algo que a pessoa que mente sabe que jamais será bem-sucedida.

Como Deus é verdade, mentir é completamente contrário à sua natureza. A mentira, portanto, é a principal arma de Satanás, o inimigo de Deus e da humanidade. Mentir é imitar o Diabo!

Oremos todos, "Senhor, alerta-me para a força destrutiva de minha língua. Afasta-me de todas as formas da mentira"!

Reflexões

É notoriamente difícil perceber a soberba em si mesmo. Peça que alguém lhe dê uma opinião honesta. Peça que essa pessoa descreva qualquer um dos seus comportamentos que transmita a mensagem "eu sou superior". A seguir, nos dias seguintes, monitore atentamente o que você diz e procure identificar qualquer tentativa de tornar o que você diz mais atraente do que a realidade. Sem sequer perceber, você poderá estar mentindo!

Dia 3: Provérbios 6

ASSASSINATO E MALDADE

A lista de abominações do Senhor — os comportamentos que Ele detesta intensamente — continua com as mãos e o coração.

3. Mãos que derramam sangue inocente

O derramamento de sangue se refere ao assassinato de alguém, não meramente o sangue que é derramado por um ferimento que não é fatal, e a qualificação "inocente" é importante. Em primeiro lugar, Salomão tinha em mente especificamente o homicídio, um ato que o Senhor considera uma abominação. Deus criou a vida humana, e nós exibimos a sua imagem. Ele considera a humanidade tão valiosa, que fez esforços extraordinários para nos redimir do mal, enviando seu Filho, para morrer por nós. O homicídio é, portanto, uma afronta pessoal Àquele que dá a vida.

Você pode não perceber imediatamente como essa abominação se aplica a você. Não é provável que tenha um cadáver escondido em algum lugar. O problema, para você e para mim, é a ira não resolvida. A ira, por si mesma, não é um pecado; é apenas uma emoção. Às vezes, o rancor é uma reação compreensível, porque você foi desprezado. Mas, se você alimentar o rancor, ele destruirá você e, possivelmente, outra pessoa. Alimente o seu rancor, e ele se converterá em ira. Essa ira criará raízes profundas, e florescerá em ódio, e o fruto do ódio é o homicídio. Não se deixe enganar. São muito poucos os assassinos que acordam, um dia, e decidem se tornar assassinos. Eu arriscaria dizer que poucos até mesmo se considerassem capazes desse crime. Mas, gradualmente, alimentaram a ira, até que ela gerou seu fruto venenoso em suas vidas.

Oremos: "Senhor, orienta-me a maneiras íntegras e saudáveis para resolver e dissolver a minha ira. Afasta-me do pecado do derramamento de sangue inocente"!

4. Um coração que maquina pensamentos viciosos.

Nós examinamos cuidadosamente o coração, nesse estudo dos Provérbios, e estamos cientes do seu poder. Nada do que fazemos ou dizemos ocorre, a menos que crie raízes, em primeiro lugar, no coração. É ali que se formam os "pensamentos viciosos".

Curiosamente, a palavra "maquina" vem de um verbo que significa "arar" e "gravar", e transmite a ideia de perfurar algum material. Um arado perfura o solo, para prepará-lo para o plantio futuro, o que é um exemplo de planejamento e previsão. A palavra traduzida como "viciosos" quer dizer "perversos, problemáticos, maldosos".

Deus quer o coração do seu povo reservado para o relacionamento com Ele. Ele considera o ser interior de uma pessoa o lugar principal de adoração, um lugar onde temos comunhão com Ele. Permitir que o coração se torne um leito de maldades contra os outros é violar um lugar sagrado.

Oremos: "Senhor, limpe o meu coração de qualquer hábito prejudicial. Remova qualquer pensamento ou esquema perverso em que eu esteja pensando"!

Reflexões

Você tem algum conflito não resolvido com alguém, ou abriga rancor por alguma ofensa? Já desejou secretamente (ou não tão secretamente) que alguém por quem você sente rancor sofresse algum mal? Caso afirmativo, pode ser sensato rever o nosso comentário sobre "a engrenagem da vingança".

Dia 4: Provérbios 6

PARALISADOS

Salomão termina a sua anatomia do pensamento pecaminoso com um exame dos pés do malfeitor. Não é uma visão agradável, sob nenhuma circunstância!

5. Pés que se apressam a correr para o mal

Esta figura de linguagem, na verdade, tem mais a ver com o coração que com os pés. Em primeiro lugar, ela se refere ao pecado habitual, e hábitos antigos são difíceis de romper. Além disso, como ficamos impunes pelo pecado anteriormente, o caminho já está preparado. Na realidade, quanto mais andarmos por esses caminhos familiares ao pecado, cada vez mais nos tornaremos insolentes e cada vez menos temerosos em relação à atuação de Deus. Em outra passagem, Salomão escreve: "Como se não executa logo o juízo sobre a má obra, por isso o coração dos filhos dos homens está inteiramente disposto para praticar o mal" (Ec 8.11).

O primeiro sinal do pecado normalmente agita a consciência, incitando o arrependimento. Se o arrependimento é superficial, o segundo sinal do pecado se torna menos traumático com relação ao nosso sentido de certo e errado. Repetir ofensas é algo que deixa a consciência ainda mais indiferente, até o ponto em que ela se torna insensível, incapaz de perceber o impacto moral de uma obra particular. É quando estamos, verdadeiramente, em perigo. Deus criou a nossa consciência para reagir à sua condenação do pecado; Ele considera uma abominação uma consciência insensível.

Oremos: "Senhor Deus, por favor, detenha-me em meus caminhos"!

Reflexões

Você se envolve em qualquer atividade a respeito da qual já se sentiu culpado, mas agora não se sente mal a respeito dela? Há alguma atividade de que você gosta e que as pessoas mais razoáveis considerariam imoral? Caso afirmativo, você pode precisar de ajuda para escapar ao pecado habitual, e para ter responsabilidade. Não demore. Você está em perigo! Confesse o seu pecado a um conselheiro piedoso e confiável.

Dia 5: Provérbios 6

AQUELES QUE SEMEIAM CONTENDAS

*A*s duas últimas abominações rompem o padrão de usar partes do corpo como exemplos. O Senhor julga essas atividades detestáveis, e elas estão conectadas porque têm efeitos similares sobre o povo de Deus.

6. A testemunha falsa que profere mentiras

Raros são os que dizem a verdade, e muitos são os que, deliberadamente, distorcem os fatos. Quando temos a oportunidade de defender o caráter de outra pessoa, ou corrigir as informações entre aqueles que estão difamando algum indivíduo, a tentação é grande para nos intrometermos na conversa e concordar, ou permanecer em silêncio e permitir que o assassinato de caráter continue. Mas o caráter de Deus é a verdade. A mentira é o instrumento favorito de Satanás, cujo maior prazer consiste em desviar e derrubar o povo de Deus. Quando mentimos nos colocamos, como o Diabo, contra Deus e contra o seu Povo.

Oremos: "Senhor, livra-me de quaisquer temores que eu tiver, para que o meu testemunho seja verdadeiro, baseado em fatos exatos"!

7. Aquele que semeia contendas entre irmãos

Quando duas pessoas têm um conflito, temos uma escolha a fazer. Podemos reforçar a divisão, ou encorajar a reconciliação. Qualquer coisa que digamos a respeito da discussão levará a uma coisa ou a outra. Além disso, também podemos usar a oportunidade para congregar a comunidade ou para encorajar os membros a tomarem partido de um lado ou de outro. Novamente, nada que digamos aos outros membros a respeito do conflito realizará uma coisa ou a outra.

Observe como o apóstolo Paulo comentou uma disputa, em uma carta aberta à comunidade de crentes de Filipos:

Rogo a Evódia e rogo a Síntique que sintam o mesmo no Senhor. E peço-te também a ti, meu verdadeiro companheiro, que ajudes essas mulheres que trabalharam comigo no evangelho, e com Clemente, e com os outros cooperadores, cujos nomes estão no livro da vida. Regozijai-vos, sempre, no Senhor; outra vez digo: regozijai-vos. Seja a vossa equidade notória a todos os homens. Perto está o Senhor. Não estejais inquietos por coisa alguma; antes, as vossas petições sejam em tudo conhecidas diante de Deus, pela oração e súplicas, com ação de graças. E a paz de Deus, que excede todo o entendimento, guardará os vossos corações e os vossos sentimentos em Cristo Jesus.

> Quanto ao mais, irmãos, tudo o que é verdadeiro, tudo o que é honesto, tudo o que é justo, tudo o que é puro, tudo o que é amável, tudo o que é de boa fama, se há alguma virtude, e se há algum louvor, nisso pensai. O que também aprendestes, e recebestes, e ouvistes, e vistes em mim, isso fazei; e o Deus de paz será convosco (Fp 4.2-9).

Perceba que Paulo não toma partido, nem encoraja a comunidade a se polarizar pela disputa. Paulo quer que eles se concentrem em Cristo, na fidelidade de Deus, na beleza do evangelho e na sua conexão com o Reino de Deus. Ele deseja que cada palavra sua restaure a unidade, em lugar de perpetuar a disputa.

Oremos: "Senhor, faça de mim um pacificador".

Podemos pensar frequentemente sobre o amor de Deus, mas raramente meditamos a cerca das coisas que Ele detesta. Mas deveríamos! Acredite em mim, precisamos prestar atenção quando a Palavra de Deus diz que Ele detesta determinadas coisas. Os nossos esforços para corrigir e controlar cada abominação precisam ser tão intensos como a sua abominação por elas.

Reflexões

Como você pode incentivar maior unidade na sua família, no seu bairro, no seu local de trabalho e na sua igreja? Obviamente, não consegue solucionar os problemas dos outros, mas pode evitar tornar-se parte deles. Sem se tornar intrometido, o que pode fazer para encorajar uma comunicação mais saudável entre os outros?

Semana 26 • Provérbios 1

A Engrenagem da Substituição do Conhecimento por Sabedoria

Provérbios de Salomão, Filho de Davi, Rei de Israel.

Para se conhecer a sabedoria e a instrução;
para se entenderem as palavras da prudência;
para se receber a instrução do entendimento,
a justiça, o juízo e a equidade;
para dar aos simples prudência,
e aos jovens conhecimento e bom siso;
para o sábio ouvir e crescer em sabedoria,
e o instruído adquirir sábios conselhos;
para entender provérbios e sua interpretação,
como também as palavras dos sábios e suas adivinhações.

O temor do Senhor é o princípio da ciência;
os loucos desprezam a sabedoria e a instrução.

Filho meu, ouve a instrução de teu pai
e não deixes a doutrina de tua mãe.
Porque diadema de graça serão para a tua cabeça
e colares para o teu pescoço.
Filho meu, se os pecadores, com blandícias,
te quiserem tentar, não consintas.
Se disserem: Vem conosco, espiemos o sangue,
espreitemos sem razão os inocentes,
traguemo-los vivos, como a sepultura,
e inteiros, como os que descem à cova;
acharemos toda sorte de fazenda preciosa;
encheremos as nossas casas de despojos;

lançarás a tua sorte entre nós;
teremos todos uma só bolsa.
Filho meu, não te ponhas a caminho com eles;
desvia o teu pé das suas veredas.
Porque os pés deles correm para o mal e se apressam a derramar sangue.
Na verdade, debalde se estenderia a rede
perante os olhos de qualquer ave.
E estes armam ciladas contra o seu próprio sangue;
e a sua própria vida espreitam.
Tais são as veredas de todo aquele
que se entrega à cobiça;
ela prenderá a alma dos que a possuem.

A suprema Sabedoria altissonantemente
clama de fora; pelas ruas levanta a sua voz.
Nas encruzilhadas, no meio dos tumultos, clama;
às entradas das portas e na cidade profere as suas palavras:
Até quando, ó néscios, amareis a necedade?
E vós, escarnecedores, desejareis o escárnio?
E vós, loucos, aborrecereis o conhecimento?
Convertei-vos pela minha repreensão;
eis que abundantemente derramarei sobre vós
meu espírito e vos farei saber as minhas palavras.
(Pv 1.1-23)

Dia 1: Provérbios 1

CONHECIMENTO *VERSUS* SABEDORIA

Quando olhamos pela primeira vez para os dizeres de Salomão e dos homens sábios de Israel, começamos com Provérbios 1. Agora, ocorre-me que valeria a pena voltar a essa passagem, considerando, pela última vez, a nossa tendência de substituir conhecimento por sabedoria. Este não é apenas um trabalho diário; é um desafio de uma vida inteira.

Como é fácil adquirir conhecimento, mas como é difícil e doloroso o processo de obter sabedoria. O homem transmite conhecimento. Deus dá sabedoria. O conhecimento nos vem com a educação, seja absorvendo o que os mais educados têm a dizer, seja simplesmente reunindo informações aqui e ali, no caminho da vida. Mas e quanto à sabedoria que vem do alto? Como você já sabe, não há curso, não há escola, não há banco de dados na terra onde possamos acessar a sabedoria. E, diferentemente do conhecimento, que pode ser avaliado em análises objetivas, quantificado por exames e certificado por diplomas, a sabedoria desafia a mensuração; ela é muito mais subjetiva, requer mais tempo para sua aquisição, e tem muito a ver com a nossa atitude. Uma pessoa pode adquirir conhecimento, e ainda assim estar distante do Deus vivo. Mas os que são sábios conhecem o Senhor Deus, pela fé no seu Filho, Jesus Cristo, e também o consideram com reverência e respeito. O "temor do Senhor" ainda é o princípio da sabedoria, bem como o mais fiel indicador da sua presença na vida de uma pessoa.

Assim, como uma pessoa obtém sabedoria? E agora, que chegamos ao final de nossa busca pelos dizeres dos homens mais sábios de Israel, como podemos continuar a nossa busca da sabedoria de Deus? Além disso, quais são algumas maneiras pelas quais podemos nos proteger e evitar recair em nosso hábito de substituir conhecimento por sabedoria?

Eu tenho quatro sugestões. Vamos examinar cada uma delas nos próximos quatro dias.

Reflexões

Com base em tudo o que estudamos juntos, explique o seu entendimento da diferença entre o conhecimento e a sabedoria. Qual é o perigo potencial de ter conhecimento sem sabedoria?

Dia 2: Provérbios 1
UM CURSO ANUAL DE REVISÃO

Pensamos muito no tema da sabedoria e dedicamos tempo para ouvir os conselhos dos ensinadores mais sábios da antiga nação de Israel. Esta disciplina, sem dúvida, lhe trouxe uma grande quantidade de informações úteis. Esse conhecimento é um bom começo, mas espero que você não se satisfaça com o mero conhecimento da Bíblia. A minha primeira sugestão para que nos tornemos sábios pode parecer óbvia, ou talvez até redundante. Ainda assim, eu a defendo.

1. Leia regularmente o livro de Provérbios.

Provérbios de Salomão, filho de Davi, rei de Israel.
Para se conhecer a sabedoria e a instrução;
para se entenderem as palavras da prudência;
para se receber a instrução do entendimento,
a justiça, o juízo e a equidade;
para dar aos simples prudência,
e aos jovens conhecimento e bom siso;
para o sábio ouvir e crescer em sabedoria,
e o instruído adquirir sábios conselhos;
para entender provérbios e sua interpretação,
como também as palavras dos sábios e suas adivinhações.
O temor do Senhor é o princípio da ciência;
os loucos desprezam a sabedoria e a instrução. (1.1-7)

O livro de Provérbios tem trinta e um capítulos, o que o torna adequado para uma leitura completa durante um mês. Você pode ler um capítulo por dia, em um mês típico. Não há nele linguagem ininteligível, nem uma teologia complexa a decifrar, nem teorias abstratas a desvendar. O livro de Provérbios é uma mensagem direta para todos nós, que vivemos vidas imperfeitas, no planeta terra. Além disso, uma vez que Salomão declarou que os seus textos foram registrados para nos ajudar a "conhecer a sabedoria", sugiro que os tomemos e colhamos novas dimensões de sabedoria, sentados aos seus pés.

Leia o livro de Provérbios, de forma regular e frequentemente, mas não se limite a rever a informação. Aplique os princípios e observe o seu impacto em sua vida, à medida que os põe em prática. E, o mais importante, leia em oração. Peça que Deus lhe revele os mistérios por meio do ministério do seu Espírito Santo. Peça que Ele se revele a você. À medida que descobre a sua própria iniquidade, os seus defeitos e as suas necessidades espirituais, peça a orientação e a cura que vem dEle. À medida que o tempo passa e o Espírito de Deus aplica a Palavra dEle à sua vida, você se tornará cada vez mais sábio.

Reflexões

Dedique pelo menos um mês a cada ano (se puder ser um mês a cada seis meses, melhor) para ler um capítulo do livro de Provérbios a cada dia, e faça disso um costume para a vida toda. Recomendo os meses de janeiro e julho, que têm trinta e um dias, e estão separados por seis meses. E um lembrete da verdade contida em Provérbios em janeiro é uma maneira perfeita para começar cada ano novo.

Dia 3: Provérbios 1

CIDADÃOS EXPERIENTES DO REINO

Nenhuma fonte de sabedoria pode se equiparar à eterna, infalível e inequívoca Palavra de Deus. Mas não ignore a sabedoria de outros crentes experientes.

2. Ouça e obedeça aos conselhos de pessoas a quem você respeita.

Filho meu, ouve a instrução de teu pai e não deixes a doutrina de tua mãe.
Porque diadema de graça serão para a tua cabeça e colares para o teu pescoço. (1.8,9)

Embora a Bíblia seja a nossa única fonte da sabedoria infalível e inequívoca, não é a nossa única fonte de conselhos piedosos. Deus lhe deu homens e mulheres piedosos na comunidade do corpo de Cristo, a igreja. Mentores cristãos experientes passaram por algumas experiências, e suportaram alguns testes que você ainda não enfrentou. Eles tiveram tempo para tecer suas falhas e seus sucessos por meio do estudo que fizeram das Escrituras, e a sua experiência lhes dá um discernimento e uma profundidade que podem estar, ainda, ausentes em você. As coisas que eles lhe podem transmitir são um "diadema de graça" e "colares" de sabedoria. Ouça esses sábios crentes. Aprenda com eles. Permaneça com eles.

Reflexões

Pense em um crente experiente em Jesus Cristo, preferivelmente do mesmo sexo que o seu, e a quem você respeita, e em quem confia. Convide essa pessoa para o almoço, o jantar, ou um café — uma vez por semana, indefinidamente. Explique o seu desejo de fazer perguntas e ouvir sobre o crescimento espiritual desse crente.

Dia 4: Provérbios 1
MANTER AS BOAS COMPANHIAS

Em nossa contínua busca por sabedoria divina, sugeri, em primeiro lugar, que lêssemos o livro de regularmente e, em segundo lugar, que ganhássemos a perspectiva de crentes experientes e piedosos. Devemos também proteger o que temos.

3. Escolha cuidadosamente seus amigos

Filho meu, se os pecadores, com blandícias,
te quiserem tentar, não consintas.
Se disserem: Vem conosco, espiemos o sangue,
espreitemos sem razão os inocentes,
traguemo-los vivos, como a sepultura,
e inteiros, como os que descem à cova;
acharemos toda sorte de fazenda preciosa;
encheremos as nossas casas de despojos;
lançarás a tua sorte entre nós;
teremos todos uma só bolsa.
Filho meu, não te ponhas a caminho com eles;
desvia o teu pé das suas veredas.
Porque os pés deles correm para o mal
e se apressam a derramar sangue.
Na verdade, debalde se estenderia
a rede perante os olhos de qualquer ave.

E estes armam ciladas contra o seu próprio sangue;
e a sua própria vida espreitam.
Tais são as veredas de todo aquele que se entrega à cobiça;
ela prenderá a alma dos que a possuem. (1.10-19)

Quanto mais eu vivo, mais cuidadoso sou com a escolha de meus amigos. Não me entenda mal. Ofereço meu apoio e minha amizade a praticamente todo mundo. No entanto, sou criterioso a respeito de quem aceito como meus íntimos confidentes, as pessoas que permito que me ajudem. E, como o meu tempo é precioso, prefiro passá-lo com pessoas confiáveis. Consequentemente, hoje, tenho menos amigos íntimos do que tinha durante a minha mocidade. Mas são amizades mais profundas, relacionamentos verdadeiramente valiosos.

Como Salomão nos aconselha, não consinta com relacionamentos que lhe derrubem, que interfiram no seu andar com Deus, ou que impeçam o seu crescimento espiritual. Ofereça a sua amizade livremente àqueles a quem espera influenciar, mas evite pessoas que "armam ciladas contra o seu próprio sangue" (v. 18). Elas não serão influenciadas; simplesmente lhe envolverão em atividades contraproducentes, que manterão a sabedoria a distância. Você não precisa disso. Ninguém precisa.

Reflexões

Quais são alguns relacionamentos dos quais pode precisar se afastar, pelo menos, durante algum tempo? Quais são alguns relacionamentos que gostaria de cultivar? Pense em algumas maneiras para se envolver com outras pessoas sábias que você admira.

Dia 5: Provérbios 1

A Escola da Vida

A interação consistente com a Palavra de Deus, o tempo passado regularmente com um mentor piedoso, e um grupo seleto de amigos, tudo isso combinado, nos dará maior oportunidade para crescer em sabedoria. Para essas pessoas, eu acrescentaria ainda uma sugestão.

4. Preste atenção às repreensões da vida.

A suprema Sabedoria altissonantemente clama de fora;
pelas ruas levanta a sua voz.
Nas encruzilhadas, no meio dos tumultos, clama;
às entradas das portas e na cidade profere as suas palavras:
Até quando, ó néscios, amareis a necedade?
E vós, escarnecedores, desejareis o escárnio?
E vós, loucos, aborrecereis o conhecimento?
Convertei-vos pela minha repreensão;
eis que abundantemente derramarei sobre vós meu espírito
e vos farei saber as minhas palavras. (1.20-23)

Se você esteve nesta jornada pelo livro de Provérbios nos últimos seis meses, talvez se lembre da ocasião em que estivemos estudando estas linhas. A sabedoria é personificada como alguém que "pelas ruas levanta a sua voz" e "às entradas das portas e na cidade profere as suas palavras". Em outras palavras, ela não se esconde, é facilmente encontrada. Não sussurra nem deturpa suas palavras. Mas onde? E como? Ela nos diz, quando fala, "Convertei-vos pela minha repreensão". Nas repreensões da vida, a sabedoria grita aos nossos ouvidos. Deus envia a Senhora Sabedoria no momento exato, e com a mensagem correta, quando estamos mais aptos a ouvi, depois que fracassamos em alguma coisa.

Deus nunca desperdiça o nosso tempo. Ele não permite que passemos por vales escuros e sombrios, nem que suportemos esses caminhos longos, tortuosos e dolorosos sem nenhuma razão. Neles há "repreensões" com a sabedoria anexada. Muitos e tolos são aqueles que simplesmente rangem os dentes e suportam as dificuldades da vida. Poucos, mas sensatos e sábios, são os que ouvem a voz da sabedoria e dão ouvidos aos seus conselhos.

Os fracassos e as fraquezas podem se tornar as nossas melhores oportunidades para crescer em sabedoria. Permaneça sempre vigilante às repreensões e nunca desconsidere a sua origem. A sabedoria reprovadora de Deus nos vem, às vezes, pelos meios mais improváveis. As lições serão óbvias, se não estivermos cegos pela nossa soberba. Espere-as. Ouça-as cuidadosamente. Preste atenção à voz da sabedoria.

Reflexões

Tente se lembrar de seu último fracasso significativo. Pense cuidadosamente a respeito do resultado. Alguém ou alguma coisa lhe ofereceu uma repreensão? Você deixou de percebê-la? Ou percebeu a repreensão, mas decidiu ignorá-la? Como essa repreensão aumentou a sua sabedoria? Como reagirá ao seu próximo fracasso significativo?

Notas

[1] Norman Mailer, *Advertisements for Myself* (Boston: Harvard University Press, 1992), 465.

[2] Deborah Davis, Party of the Century: The Fabulous Story of Truman Capote and His Black and White Ball (Hoboken, NJ: John Wiley & Sons, Inc., 2006), 256.

[3] Johns Hopkins Bloomberg School of Public Health, *Public Health News Center*, acessado em 19 de março de 2012, http://www.jhsph.edu/publichealthnews/press_releases/2011/ mojtabai_antidepressant_prescriptions.html.

[4] Citação feita em Victor Serge, *Memoirs of a Revolutionary*, trad. Peter Sedgwick (Iowa City: University of Iowa Press, 2002), 278.

[5] James Swanson, *Dictionary of Biblical Languages with Semantic Domains: Hebrew (Old Testament)* (Oak Harbor: Logos Research Systems, Inc., 1997), 1469.

[6] Louis Goldberg, "647 *hakam*", em *Theological Wordbook of the Old Testament*, ed. R. Laird Harris, Gleason L. Archer Jr. e Bruce K. Waltke, edição eletrônica (Chicago: Moody Press, 1999), 283.

[7] *John N. Oswalt, "964 kun", em Theological Wordbook of the Old Testament, ed. R. Laird Harris, Gleason L. Archer Jr. e Bruce K. Waltke, edição eletrônica (Chicago: Moody Press, 1999), 433.*

[8] Charles H. Spurgeon, citação feita em *Evangelism and the Sovereignty of God*, J. I. Packer (Downers Grove, IL: InterVarsity Press, 2008), 43.

[9] Victor P. Hamilton, "168 arar", em Theological Wordbook of the Old Testament, ed. R. Laird Harris, Gleason L. Archer Jr. e Bruce K. Waltke, (Chicago: Moody Press, 1999), 75.

[10] John Donne, The Works of John Donne, D.D.: With a Memoir of His Life, Vol. III, ed. Henry Alford (Londres: John W. Parker, West Strand, 1839), 575.

[11] Louis Goldberg, "647 *hakam*", em *Theological Wordbook of the Old Testament*, ed. R. Laird Harris, Gleason L. Archer Jr. e Bruce K. Waltke, edição eletrônica (Chicago: Moody Press, 1999), 283.

[12] Francis Bacon, "Of Revenge", *The Essays, or Counsels, Civil and Moral of Francis Bacon*, ed. Samuel Harvey Reynolds (Oxford: Clarendon Press, 1890), 34.

[13] Neil T. Anderson, *The Bondage Breaker* (Eugene, OR: Harvest House Publishers, 1990), 194–197.

[14] Santo Agostinho, *On Free Choice of the Will*, I.xi.22.

[15] Ibid.

[16] Charles R. Swindoll, *The Grace Awakening* (Nashville: W Publishing Group, 2003), 147–155.

[17] Karl A. Menninger in Chaim Potok, *The Chosen* (frontispício). (Nova York: Ballantine Books, 1967).